著 増田圭祐

相場の上下は考えない

「期待値」で考える株式トレード術

増補版

サヤ取り投資が儲かる理由

1σ

2σ

Pan Rolling

序章

投資と聞いて、どのような印象をお持ちでしょうか？　儲かる、損する、難しい、怪しい、詐欺……。知識や経験などによって投資に関する印象は人それぞれ違うでしょう。

これまで、投資の経験がある方ない方、大学生から上場企業の社長まで、幅広い方々に投資について話をしてきましたが、投資に対して好印象を抱いている方は少ないように感じます。

事実、投資に対してネガティブなイメージをお持ちの方は多く、日本では、お金の話自体がタブーとされる風潮があります。

しかし、学校でも、家庭でも、教えてくれることのない「お金」の話であるからこそ、個人がしっかりと正しい金融知識を身に付けることが大切になります。

金融市場は、投資初心者も、プロ投資家である海外ヘッジファンドも、全員が同じ土俵で戦う、年齢も経験も関係ない実力が物を言う世界です。そんな厳しい世界ですから、個人の方が投資を行う場合には、事前に正しい金融知識を身に付けておく必要があると言えるでしょう。

私は、19歳で投資をスタートし、大学卒業後に大手総合証券会社に就職します。その後、2011年に証券会社を退職独立し、また投資家の立場に戻ってきました。

投資家
↓
証券会社
↓
投資家

投資商品の販売側である証券会社での勤務は、現在、投資家として活動するうえでとても良い経験となり、役立っております。

この経験から導き出された私の結論は「正しい考え方で基本に忠実」です。これこそが投資で成功する最大の近道と考えております。

したがって、本書では、奇をてらうようなことは書いてはおりません。統計や確率を用いた数学的な内容を取り入れておりますが、理論中心で実際の相場で使えないような難しい書籍でもありません。個人投資家の方にとって理解しやすい内容になっております。

「これから株価は上がりますか？」
「これからドル円の為替はどうなりますか？」

日々、お会いする方によく聞かれますが、私の回答はいつも同じです。

「ごめんなさい。わかりません」

私には、相場の上下はわかりません。わからないので予測もせず、考えることもしません。しかし、投資で利益を出すことはできます。このような値動きに左右されないトレード（投資）を可能にするのが本書でご紹介させていただく『サヤ取り投資』です。

サヤ取り投資を知らない方に対しては、「こんな投資手法があるのか」と知っていただくことができれば幸いです。そして、すでにサヤ取り投資を実践している方に対しては、運用成績アップのヒントとしてご活用していただきたく思います。

第2章 サヤ取り投資の基礎

第3章 サヤ取り投資の実践

第4章 サヤ取り投資の実例

第5章　サヤ取り投資の応用

第1章

勝てる投資家の正しい考え方

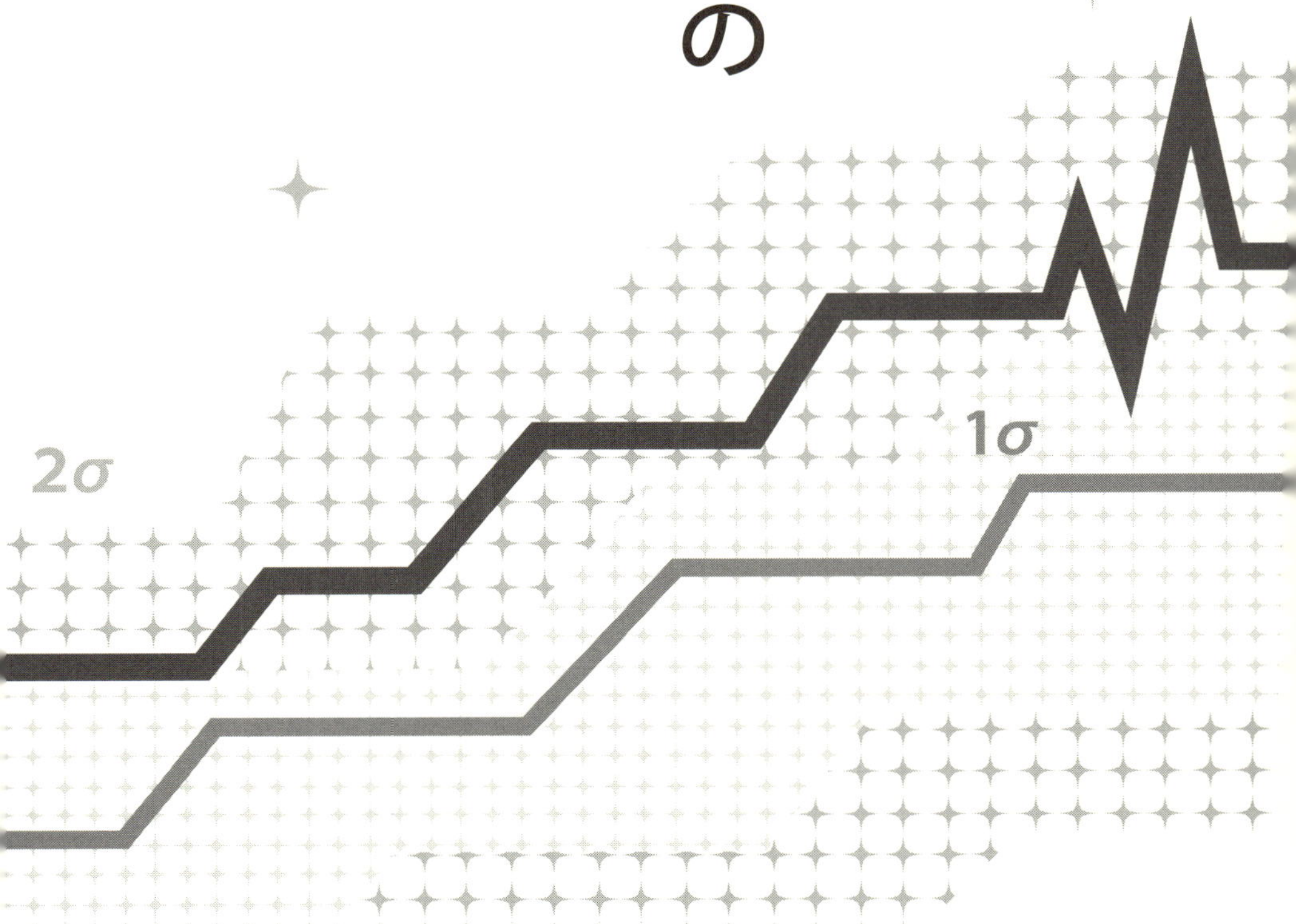

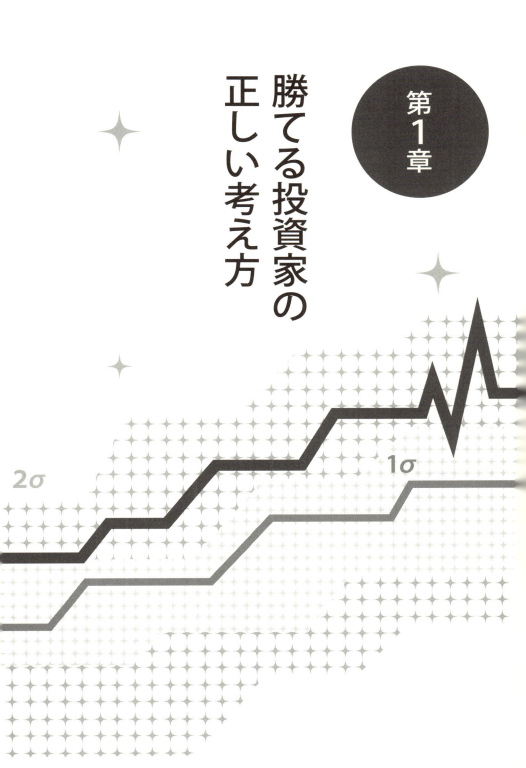

1 お金に不安を抱く世界一のお金持ち

お金に対して不安を抱く方は多いと思います。老後、増税、年金、給料減額などなど……。統計の取り方で前後しますが、日本における個人保有金融資産1400兆円は世界トップクラスの水準です。しかし、そのほとんどは銀行への預金として預けられたまま、まったく動いていない状態がバブル崩壊以降、20年以上も続いています。

日本家計の現預金額は830兆円あると言われています。この金額は、アメリカの全家庭の現預金額の1・4倍の規模となります。人口1億2000万人（日本）の預貯金額が、人口3億1000万人（アメリカ）の預貯金額よりも多いのです。このことを考えてみても、日本人がいかに貯金好きであるかがわかると思います。

素直に捉えれば、国民の「自分の生活は、自分で守らなければならない」という意識を反映している金額とも言えます。ただ、実際はどうでしょうか。「保有しているお金をどう運用してよいのかわからないから、とりあえず銀行に預金しておこう」という選択をしている人のほうが多いであろうことは、簡単に想像できると思います。

現実に、東証1部に上場している大手企業までが莫大な預金をしております。内部留保したまま、設備投資などに資金を回さないままの悪循環が継続し、長年の日本の株式市場は、ずっと右肩下がりを続けてきました。

「２０１１年の会社員の平均年収は４０９万円」というデータがあります。この年収には、所得税などの税金や社会保険料は含まれておりません。税金などを差し引いた手取り金額から毎月発生する固定費（家賃や食費、光熱費、通信料など）を支払うと、自由に使えるお金は、その半分もないでしょう。これでは消費には回さず、将来のために貯金するという選択が一般的になっても仕方がないのかもしれません。

その一方で、お金の不安を少しでも解消しようと、投資を始める方も多くいます。投資の経験がない方ほど、投資は儲かるという印象を持っている傾向にあります。反対に、投資の経験がある方ほど投資は損するという印象を持っているように感じます。実際、私自身も投資をスタートしたときはそうでした。投資について何もわかっていないため「投資＝儲かる」と甘く考えていたのです。

お金を増やす方法は、投資だけではなく他にもあります。投資という選択肢はそのひとつに過ぎません。ビジネスとは違い、投資の場合には、稼いだ分の利益が翌月、すべてなくなることもよくあります。

投資は、甘くありません。相場環境によっては簡単に稼げるときもありますが、そういった相場は一時的なものです。継続して投資で稼ぐには、基本に忠実であることと、相場の変動に直面しても感情に流されない精神的な強さが要求されます。

日本の個人投資家が負けてしまう一番の原因としては、投資に必要な金融の基礎知識が十分でないことが挙げられます。投資家側の金融知識が少ないことは、販売側の金融機関からすると非常にラッキーなことです。複雑な金融商品を設計して、販売側に有利に働く金融商品を投資家に販売することができるからです。そして、その結果、ほとんどの個人投資家が損をさせられて終わってしまうのが投資の実情なのです。

日本には、お金の話はタブーといった空気が蔓延しています。学校でも、お金に関する授業はほぼありません。お金の勉強については各家庭それぞれの教育に任されていますが、肝心の親も、お金に関する知識をほとんど持っていないため、子どもに教えることができない状況になっています。あるいは、お金について疑問があったとしても、中立的な立場の方から正しい情報を聞くことができません。こういうことも、お金に対する知識を乏しくさせる要因のひとつでしょう。

「借金＝悪い・怖い」のように間違ったイメージを持っている方も多くいます。借金は、怖いので絶対にしないと考えている人が住宅ローンを３５年で組み、クレジットカードをリボ払いにして、金利という余計なコストを支払っています。間違った金融知識を持っていると、一生、余計なお金を支払い続けることになってしまいます。

このような現状を考えると、銀行にお金が眠るのは当然です。経済面において先進国である日本は、金融面においては後進国なのです。

ここで私個人の話をしたいと思います。私が最初にお金に興味を持ち始めたきっかけは、ひとりの経営者との出会いでした。当時、１９歳の大学生だった私は、生まれてはじめて社長という職業の方に出会いました。その社長とは今でもお付き合いがあります。社長のビジネスは軌道に乗っており、社員に会社を任せても組織が機能しております。

その社長に出会うまでは、私の勝手なイメージとして「お金持ち＝悪い人」という公式がありました。その公式は間違いであることを知ると同時に、

「お金があれば、好きなことを仕事にできる」
「お金があれば、時間が自由に使える」
「お金があれば、家族仲良く安心して暮らすことができる」

という、今まで知らなかった自由な広い世界を知ることができました。

そして、お金に興味を持った私の安易な考えが投資でした。お金に関する知識は、いくら身に付けても損はないと考え、何から学べばよいかわからなかった大学生の私は、地元の大型書店に向かい「初心者でもわかる○○」という、一番簡単そうな投資に関する書籍を購入しました。金融知識を手に入れた最初の情報源は「書籍」です。この選択は大正解でした。今まで知らなかったお金の知識が手に入ることに喜びを感じ、２冊、３冊と投資に関する簡単な書籍を読み、少しずつ金融知識を身に付けました。

投資における基礎的なテクニカルの理論まで習得してから、実際に自己資金で投資もスタートします。株式とＦＸ（為替）に興味を持ちましたが、運用資金が少額であることからまずＦＸを始めました。相場の上下トレンドを予想して買いか売り、片張りでの裁量取引です。

残念ながら、ＦＸでは少しずつ資産を減らしましたが、日々、経験値は溜まっているような感覚がありました。このときに「投資は難しいが、賢くやれば儲かるはずだ」と確信します。そして、自分なら賢く投資ができると過信していたのです。

２００７年アメリカでサブプライムローンの問題が発生し、大きく為替が円高になります。このときには、為替が円高になると利益が出るような売りのポジションで投資をしていたため、大きな利益を出すことができました。

その後、経済ニュースや経済指標などを参考にしながら、サブプライムローンに起因する為替の円高は底を打ったと判断し、今度は保有資金いっぱいまで、為替が円安になれば利益になるように買いポジションの投資を行いました。実際に為替チャートも底を打った形を形成しており、一時的には円安における利益も加わりました。

しかし、２００８年のアメリカの投資銀行リーマン・ブラザーズの破綻によって、再度、大きく為替は円高に推移します。私は、このリーマンショックによって、それまで稼いだ利益以上の損失を被ることになりました。賢く投資するはずだったのに、「もっとたくさん儲けたい」という欲に惑わされ、資金管理が甘くなり、投資できる最大のレバレッジで運用するという危険な行動を選択してしまったのです。結果、大きな損失を出して運用資金は底をつき、私の投資人生の序章は終了しました。

投資をスタートしたころは、少額でコツコツとうまくいったとしても、投資金額を増やしたがゆえに大きくドカンと負ける今回のような失敗の事例は、実によくあるケースです。読者の方でもご経験ある方は多いのではないでしょうか。

当時の私のように、中途半端に投資経験のある「自称中級者」ほど投資で一番損をします。リーマンショックの失敗で大きく損した原因は、はっきりしております。投資手法自体に問題があったわけではありません。〝その原因〟は、後ほどお伝えさせていただきますが、投資で勝つための最重要テーマのひとつです。

投資で大儲けすることは難しいことです。しかし、賢い投資家となり、小さな利益を積み重ねることは、決して難しくはありません。もし「投資＝損」という考えをお持ちであれば、これからは、その考え方をやめてください。

お金は、お金を産み出します。「投資＝利益」が正しい考え方です。お金がお金を産み出すわけですから、お金持ちは、ますますお金持ちになります。日本には、実際に多くの預貯金が眠っています。世界的に見るとすでにお金持ちですが、そのお金を国民が正しく活かすことができれば、ますます豊かな国になれるはずです。

だからこそ、個人の金融リテラシーの向上が必要なのです。ひとりひとりが金融の正しい知識を身に付けるようになれば、日本経済は良くなります。同時に、投資詐欺で騙されることもなくなります。

金融リテラシーを身に付けた国民が経済に詳しい政治家を選出し、その政治家に大胆な経済政策を打ち出してもらうことで、銀行口座に入ったまま、まったく動いていないお金を動かしてもらいましょう。日本を活性化できる仕組みを作り直さなければ、日本が金融後進国から抜け出すことはできません。

私たちのような個人投資家が日本を豊かにするためにできることは、正しい金融知識を身に付けて正しい投資行動を行うことです。投資でお金を稼ぐことは、悪ではありません。金融市場に流動性をもたらし、日本経済を活性化させている事実に誇りを持って、投資活動をしていきましょう。

2 絶対に勝てるゲーム（期待値）

これから本格的に投資で勝てる考え方をお伝えしますが、その前に投資に関する簡単なクイズを出させていただきます。次ページを見てください。

このゲームに参加し、サイコロを振って1の目が出た場合、1000円の賞金を獲得できます。ただ、参加料金3000円が発生しますので「1000円－3000円」で結果2000円の損になります。しかし、6の目が出た場合には6000円の賞金を獲得できますから、「6000円－3000円」で3000円の利益になります。

このゲームに参加するべきか参加するべきでないかには、理論的な正解があります。「参加するべき」が正解です。なぜならばこのゲームは、確率上、勝てるゲームだからです。このゲームで勝てるかどう

クイズ

サイコロの出た目の数×１０００円を獲得できるゲームです。何回でも参加することは可能ですが、１回の参加にあたり参加料金３０００円が発生します。

１の目が出た場合＝１０００円
２の目が出た場合＝２０００円
３の目が出た場合＝３０００円
４の目が出た場合＝４０００円
５の目が出た場合＝５０００円
６の目が出た場合＝６０００円

上記のように賞金がもらえるゲームがあった場合、ゲームに参加すべきでしょうか？

かについては、ゲームに参加する前に判断することができます。それは「期待値」と呼ばれる値を計算することで導き出せます。

期待値とは確率論における確率変数の平均値です。今回のサイコロゲームの例では、1回サイコロを振ったときに獲得できる賞金の平均金額が期待値です。

◎期待値の計算式

(1000円+2000円+3000円+4000円+5000円+6000円) ÷ 6=3500円

1回サイコロを振ってもらえる金額は平均すると3500円です。そこから参加料金の3000円を引くと1回サイコロを振るごとに500円儲かるゲームと判断することができます。

期待値がプラスになるゲームであっても、絶対ではないですから、すぐに利益にならないことはあります。例えば、運悪く、小さな数字が連続で出てしまい、損失からスタートすることがあるかもしれません。しかし2回、3回……、10回と回数を重ねていけば、必ず期待値通りの値に収束します。

10回投げたとき ──→ 5000円の利益
100回投げたとき ──→ 5万円の利益
1000回投げたとき ──→ 50万円の利益

期待値がプラスの場合、ゲームを継続して繰り返すことで、いつか必ず利益になります。

投資においてもこの考え方は基本的に同じです。今回のサイコロゲームのように期待値がプラスの行動を繰り返せば繰り返すほど、投資の利益は積み上がります。このような期待値がプラスになる取引のことを「優位性のある取引」と呼びましょう。

私たち個人投資家がしなくてはいけないことは、優位性のある取引を継続して何度も繰り返すことです。最初の数回は運悪く損失になることがあるかもしれませんが、10回、100回と繰り返すことで利益は積み上がっていきます。

もしこの考え方を徹底できるなら、参加料3000円のゲームであればやるべきですし、参加料4000円であればやるべきではないという数学的思考で冷静な判断を行うことが可能になります。

大切なことなので繰り返します。投資で利益になるか損失になるかを決めるのは、投資行動に優位性があるかどうかだけです。今回は、サイコロに例えて参加料金との比較で話をしましたが、実際の投資は金融市場での勝負です。

投資金額は、投資家の資産に合わせて決めることが可能です。100万円の運用資金でも、1億円の運用資金でも、注文時に株数を入力する際、ひとつか2つ桁を増やすだけで手間はまったく変わりません。それだけでリターンが10倍にも100倍にもなるところが投資の最大の魅力であり、逆にリスクも10倍、100倍になるところが投資の怖い部分でもあります。

ここまで、期待値がプラスの優位性のある取引を繰り返し、投資の利益を積み上げることが重要だと書きました。しかし、実際には一般的な投資家が行っているのは、次のようなサイコロのゲームです。

ルール自体は、先ほどとほぼ同じですが、偶数の目が出た場合にだけ賞金5000円を獲得できます。同様に期待値を計算して1回サイコロを振ったときに獲得できる賞金の平均金額を求めます。

◎期待値の計算式

(0円+5000円+0円+5000円+0円+5000円)÷6=2500円

一般的な投資家のサイコロゲーム

サイコロの偶数の目が出たときだけ５０００円もらえるゲームです。何回でも参加することは可能ですが、１回の参加にあたり参加料金３０００円が発生します。

１の目が出た場合＝０円
２の目が出た場合＝５０００円
３の目が出た場合＝０円
４の目が出た場合＝５０００円
５の目が出た場合＝０円
６の目が出た場合＝５０００円

1回サイコロを振って獲得できる賞金の平均金額は2500円です。そこから参加料金の3000円を引くとサイコロを振るごとに500円損してしまうゲームと判断できます。

当然、このようなゲームには参加してはいけません。参加するたびに損失が積み重なってしまいます。

投資においても期待値を正確に数字で計算することができればよいのですが、実際は難しいでしょう。事実、ほとんどの個人投資家たちは、このような〝期待値がマイナスの投資〟を繰り返し行っています。

自分が行っている投資は、はたして期待値がプラスの優位性のある取引なのか。日々、分析と実践を繰り返しながら確認しなければなりません。

今回例に挙げたサイコロゲームは、わかりやすい例として作った架空のゲームです。ところで、現実に存在するギャンブルの期待値はどうでしょうか。

次ページを見てください。「%」という表記は、例えば宝くじを100万円分購入した場合、46万円が当せん金として手元に戻ってくるということを表します。当たり前ですが、どのギャンブルも期待値が100%を超えるものはありません。参加すればするほど参加者の損失になることは明白です。

「もしかして運が良くて当たるかもしれない」という感情は投資においては捨てるべきです。期待値がプラスの行動だけを繰り返すべきです。確率を信じて継続することを常に意識し続けてください。

◆代表的なギャンブルの期待値

◎宝くじ４６％

◎競馬、競輪　７５％

◎ルーレット ９５％

◎パチンコ ・スロット９６％

3 投資に勝率は関係ない

期待値がプラスになる「優位性のある取引」を継続して繰り返すことによって、利益が積み上がることはご理解いただけたと思います。同時に、投資で利益を出すための結論は、「投資行動に優位性があるかないかだけ」ということも、わかっていただけたのではないかと思います。

この確率論的な考え方ができるようになると、投資における勝率という考えは必要なくなります。実際に、投資において勝率は重要ではありません。

勝率よりも重要なことは「運用資金の１００万円が1年後いくらになっているか」という利回りです。投資結果のほうが大切です。勝率よりも、年間のトータル損益である利回りを重要視してください。

勝率９９％の投資手法であっても、１％の負けによってトータルの損益がマイナスになるケースもあります。継続して長期的に行う投資において１００回中1回の確率で発生する１％という確率は十分にあり得ます。

反対に９９％負けたとしても、勝率１％でトータルで利益になる投資もあります。ただし、トータルで負けるよりも良いですが、実際には精神的に厳しく、運用資金の問題としても現実的ではありません。

極論は抜きにして、現実的に長く継続することを前提にすると、勝率は５０％以上あれば十分です。勝率５０％でも損小利大にできればトータル損益はプラスになります。

私が行っているサヤ取り投資の勝率は、年間通して６０％前後です。損小利大をできるだけ意識しておりますので、結果としてトータルの利回りはプラスになります。

個人投資家の中には、勝率が高いにもかかわらず、トータルの運用成績がマイナスになっている方も多くいます。儲かっている銘柄はすぐに利益確定で決済してしまい、損失中の銘柄については、負けを認めることができずに、より大きく損失を拡大してしまうからです。

投資の勝率は、野球のバッティングと同じように考えてください。バッターはもちろん全打席ヒットを狙って打ちにいきます。しかし結果として打率は３割あれば好成績です。

投資もすべて儲かると判断して仕掛けますが、結果、空振りすることはよくあります。ただし、投資の場合は、運用資金という体力が残っている限り、何度空振りしても構いません。全打席フルスイングでホームランを狙う戦略でもいいですし、コンスタントにヒットを繰り返しても構いません。スイングせずにバントでも結構です。

投資家によって得意な球のコースもあるでしょう。普段は見送りながら、自分が打ちやすいコースに球が飛んできたときにだけバットを振っても構いません。チャンスだと思ったときだけ売買してもいいのです。すべて投資家の自由です。

大切なことは野球なら9回（投資なら年間）で点数を勝ち越す（利益）ことです。しかし、現実には、ほとんど方が一度の空振りさえ認めることができずに大損してしまい、運用資金をなくし、試合場という名の相場から退場させられています。

投資にとって、勝率は重要ではありません。重要なのは、期待値がプラスになる優位性のある取引を繰り返すことであり、今ある運用資金が1年後にいくらになっているかという利回りの投資結果なのです。

正しい投資の考え方を身に付けて、自分に合うバッティングフォーム（投資スタイル）を確立してください。

4 投資を行う目的

現在、定期的に投資セミナーを開催しております。そのときには、ご参加いただく投資家の方に次の質問をして、実際に書いていただいています。

「あなたが投資を行う目的は何ですか？」

投資を行う目的、すなわちゴールを確認するためです。行動には理由や目的が必ずあるはずです。そのゴールが明確になっていないと途中で間違った方向に進みかねません。

例えば、次ページにも記してあるように、投資を行う目的は人それぞれ自由です。どれが正しい、ど

【投資の目的の例】

◎投資先企業を応援するため

◎銀行預金の代わり

◎株主優待目的

◎資産の分散目的

◎インフレ対策

◎頭の体操

◎知的な感じがするので

◎金融機関とのお付き合い

◎ギャンブル目的

◎趣味

れが間違っているという正解不正解はありません。投資の目的は人によって違います。

しかし、一般的な個人投資家の場合、次のような目的がほとんどではないでしょうか？

投資を行う目的＝『お金』を増やすこと

私自身の投資を行う目的も、お金を増やすことです。

しかし、多くの場合、投資の目的がお金を増やすことであるにもかかわらず、実際、多くの個人投資家はお金を増やす行動を取っておりません。お金を増やしたいと思うならば、期待値がマイナスの行動をしてはいけないのです。

私は、お金を増やすことを目的として投資を行っております。企業の応援が目的ではありません。ですから、日本株の長期保有は基本的にしません。企業の株価が下落すると思えば売却します。そこからまだ下がると予想すれば空売りすら仕掛けるかもしれません。ギャンブル目的でもないのでスリルは必要ありません。あくまでも「お金を増やす」ことに焦点を当てて投資をしております。

日本では、働かずしてお金が入ってくることを少なからず「悪」と考える傾向があります。しかし、冷静に考えてみてください。1億円の資産があって、年間10％の運用利回りが出れば1000万円の利益になるのです。働くことなくお金が増える仕組みが構築されたことに対して、むしろ敬意を払うべきではないでしょうか。

もう一段踏み込んだ質問をします。

「なぜお金を増やしたいのですか？」

投資で増えたお金を何に使いますか？　投資の目的がお金を増やすことである場合、その増えたお金で実際に何をするのかしっかりと決めておいてください。お金は交換券です。使うことで物と交換できたり、サービスを受けることができます。でも、使わなければタダの紙切れに過ぎません。

数億円稼いだトレーダーが、数年後、稼いだ金額以上の損をして、金融市場から退場させられるケースは珍しくありません。億単位という利益を手にして、お金を増やす目的は達成したにもかかわらず、そのお金の使い道を決めていなかったばっかりに、またスタートラインに戻されてしまうのです。「あのときにやめておけばよかった」という後悔は一生付きまとうことでしょう。

１万円という紙幣自体の価値は同じですが、その紙幣を使う人の感覚的価値にはそれぞれ違いがあります。金銭感覚は、年齢や保有資産、職業などによっても違いがあります。

・億万長者の１万円
・社会人の１万円
・大学生の１万円
・小学生の１万円

人によって、１万円の感覚的価値は異なるはずです。億万長者の１万円は小銭かもしれないですが、小学生にとっての１万円は大金です。それと同じようにお金の多いや少ないといった感じ方もすべて人によって異なります。
私が証券会社に入社したばかりのころ、ある資産家のお客様からこんなことを言われました。

「今あまりお金ないのよ。増田君、ちょっとだけでゴメンね」

そう言ったお客様が現金で2000万円の投資をしてくれました。その当時、私にとっての2000万円は大金でした。しかし、そのお客様にとっての2000万円は大金ではなかったようです。

ここで、現在、投資を行っている方に、再度、質問です。

「今、財布の中に入っている1万円と証券口座に入っている1万円の価値は同じですか？」

普段の生活で財布に入っている1万円は大事に使っていると思いますが、証券口座に入っている5万円はいとも簡単に損していないでしょうか?

日常生活で、もしも財布から10万円落としてなくしてしまったら大事件になると思います。しかし、投資の場合、100万円をあっさり失うようなことはありませんか?

感覚的価値でいうと、財布に入っているお金よりも、証券口座に入っているお金のほうが低いと感じてしまうのは、私だけではないでしょう。証券口座内の資金は、タダの数字の羅列にしか見えないということを理由に、いざ投資となると、このように金銭感覚が崩壊することがよくあります。

投資を行う場合、日頃から財布に入っている1万円も、証券口座の1万円も、価値は同じであることを意識してください。実際は、まったく同じ感覚にはならないかもしれませんが、同じ価値であることを日々強く意識することで冷静に資金管理を行うことができると思います。

証券口座で表示されている残高の数字は、タダの数字の羅列ではありません。それなのに、評価利益がプラス100万円の状態であったとしても、100万円稼いだ実感はほとんどありません。しかし、評価利益の時点で、間違いなく100万円稼いでいるのです。

同様に、マイナス100万円の評価損失であったとしても、決済しなければ損失にならないと現実逃避する方がおりますが、その瞬間、確実に100万円を失っているのです。利益も損失も現実の金銭感覚としてしっかりと受け止めてください。

金銭感覚を保つためのアドバイスとして、投資を行い一定の利益が出たなら、少しでも出金することをお勧めします。引き出したお金を財布の中に入れて、ぜひ使ってください。

おいしいご飯を食べに行ってもいいですし、欲しい物を購入してもいいでしょう。好きな人や家族にプレゼントすれば喜んでくれると思います。1万円あれば日常で多くのことが実現できます。

証券口座内のお金も、財布の中に入っているお金も、価値は一緒です。1万円で何が買えるのか。ときには出金して冷静に金銭感覚を見つめ直す時間を作ってみてください。

5 投資の歴史は繰り返す

４１ページに記したものは、日本のバブル景気以降に起きた代表的な金融危機です。ご覧いただくとわかるように、平均して5年に1回のペースで金融市場は大きく暴落しています。事実、数年かけて上昇した日本の株式市場は、１年で一気に下落することを繰り返し、そのたびに安値を更新し続けてきました。

投資の歴史は繰り返します。景気が良くなると、メディアは投資に関する情報を一気に増やします。投資で儲けた成功事例などを取り上げて、「今まで投資に興味がなかった方も、今、投資を始めなければ損」というような論調で、投資を勧めます。その結果、投資の経験がない方が投資の世界に足を踏み入れてくるのです。

日本の株式相場が上昇することはとても良いことです。しかし、実体経済を伴わない大きな相場変動はいずれ必ず調整されるものです。

世間の風潮に踊らされて投資をスタートした初心者の多くは、一時的には利益を得るかもしれません。持ち株を眠らせて投資を休憩していた個人投資家の多くも、自身が保有している塩漬け株の評価損が減ってきていることを喜び、新規資金を投入して投資を再スタートします。

しかし、ほとんどの場合、その投資をスタートしたタイミングは高値圏であり、その後、大きく伸びることもなく、最終的にマイナスになってしまうのが関の山です。そしてまた、塩漬け株として評価損を抱えたまま、ずっと保有し続けざるを得なくなります。

この一連のサイクルを、20年以上にもわたり、日本の個人投資家は繰り返してきました。

なぜ個人投資家は、同じ失敗を繰り返すのでしょうか？　その理由は、歴史を学ばないからです。過去の歴史を学ばないがゆえに投資で同じ失敗を繰り返します。

ということは、投資の歴史を学べば負けにくくなるということでもあります。1年後の株価を予想することはできませんが、過去の投資の歴史を学ぶことで大きな相場の流れを予想することは可能です。

先に、主な金融危機を時系列に紹介しましたが、ドバイショックやギリシャショックといった小さな調整も加えると、もっと頻繁に金融危機は訪れています。投資の歴史を学ぶとわかるように、下落のス

【バブル以降に起こった主な金融危機】

1987年	ブラックマンデー
1997年	アジア通貨危機
2002年	ITバブル崩壊
2007年	サブプライムローン問題
2008年	リーマンショック
2011年	東日本大震災

ピードは上昇のスピードの比ではありません。**数年かけて上昇した後に1年で一気に大きく下落する。**日本において、この大きな金融市場の流れは、今後も変わらないことでしょう。

後から金融危機を振り返ってみると、歴史上、２００８年のリーマンショックが一番強烈な暴落となっています。「サブプライムローン問題に起因する下落が完全に底を打った」と投資家を油断させたタイミングでの暴落（リーマンショック）は世界中を混乱させました。

悲劇は暴落だけではありません。最大の金融危機であるリーマンショック後は、これまで通用していた投資手法の一部が機能しなくなったのです。さまざまな投資の書籍に書かれている理論や法則性もまったく無意味でした。その影響で、投資の世界で生き残れなくなった投資家は数多くいます。

金融や経済において、教科書に書かれている通りにならないことは多いです。この先も金融危機は、必ず発生します。２０１３年はアベノミクスで株価は大きく上昇しましたが、いずれまた、大きな暴落がやってくることでしょう。この事実をいつも頭の中に入れて、金融危機が発生したときでも決してその暴落で資産を失うことのないようにしてください。「金融市場は、ある日突然、暴落する」ということを前提に投資する必要が、私たち個人投資家にはあるのです。

6 長期投資で損する国

日本の株式市場は、1989年12月29日のバブル景気の最高値3万8957円をピークにして、株価のトレンドは長期的に右肩下がりになっています。数年に一度、上昇トレンドを迎えて株価が上昇しますが、その後また、それ以上に大きく下落するサイクルから抜け出すことができていません。

このような日本の株式相場において、安く買って、高く売り抜け、コンスタントに利益が出ているようなセンスの良い投資家はごく少数でしょう。おそらく、バブル以降に株式を購入し、長期保有している投資家のほとんどはトータルで損をしているのではないでしょうか。

一方、海外の株式市場に目を向けてみましょう。例えば、アメリカの場合ですと、アメリカ株式の値動きを表すNYダウは、日経平均株価とは違い、長期で見れば継続してずっと右肩上がりの上昇トレンドです。

アメリカのNYダウは、リーマンショックが起こる前の2007年10月9日に1万4164ドルを付けました。2013年12月、NYダウは、リーマンショック前の高値を超えて、歴史上最高値の1万6576ドルにまで上昇しております。

この事実から「アメリカの株式に投資している投資家は、いつどのタイミングで株式を購入したとしても、売却することなく長期保有を継続していれば、利益が出ている」と言っても過言ではありません。運悪く2007年10月9日のリーマンショック前の最高値を付けた日に投資をスタートした方でも、アメリカ株式を売らずに長期保有していたならば、ほとんどの場合、利益が出ていることでしょう。要するに、アメリカ株式の運用で長期投資している投資家は、基本的に全員が儲けていると言えるのです。

実は、世界中の代表的な株価指数を長期的にチャートで確認した場合、アメリカ株と同様に右肩上がりになっています。世界の主要な株価指数は基本的にすべて上昇しております。

20年以上も長期的に継続して下落しているのは、日本の日経平均株価だけです。「投資＝損」という印象を多くの方が抱き、投資の印象が悪くなっている原因のひとつに、このことが関係しているとも言えるでしょう。

日本以外の世界中の株式は長期的に上昇している事実から、投資は「長期投資」をすれば儲かると考えるほうが世界では一般的です。実際、この長期投資の考え方は、日本以外の株式に投資する場合には正解なのです。

しかし、例外である日本の株式市場に長期投資することにはリスクが高くなります。２０１３年のように株式が上昇トレンドになることもありますが、歴史は必ず繰り返します。金融危機の発生で大きく下落するリスクを常に頭に入れながら投資をしてください。

２０年以上、日経平均株価は最高値を更新しておりませんが、これから先、株価が上昇し続けて、日本の株式市場でも「長期投資が正解だった」と思える日が来る可能性は、もちろんあります。

しかし、現時点においては、長期的に株式に投資して利益が出ている日本の個人投資家はごく少数であるという事実をぜひとも覚えておいていただきたいと思います。

7 株式市場の上下要因

日本の東京証券取引所には、3400社以上の企業が上場しています。世界トップクラスの技術を保有した企業も数多く、世界中でグローバルにビジネスを行っています。

投資を行う投資家にゴールがあるように民間の上場企業にもゴールがあります。企業が目指すゴールは「事業利益」です。企業は、世の中にサービスや製品を提供し、利益を得ることを目的として経済活動を行っているのです。

株式市場に上場している企業にはそれぞれ株価がついています。企業の株価は、その業績に比例して上下するように思われがちですが、実際はそうではありません。株価が上下する一番の要因は国の政策から生まれる「期待感」です。

投資先の企業を選定するうえで代表的なＰＥＲ・ＰＢＲなどで分析を行い、着実に利益が出ている企業を見つけ、投資を行った場合であっても、想定通りに株価が上昇しないことはよくあります。短期的な株価の上下は、個別企業の業績に関係なく、株式市場全体のトレンドの影響を大きく受けるのです。

もっとわかりやすく言い換えると、日経平均株価が上昇しているときには、赤字続きで倒産の可能性すらある企業の株価も、全体の上昇トレンドの恩恵を受け、一緒に上昇します。反対に、日経平均株価が下落しているときは、増益決算の優良企業であっても株価は下落します。

日本の上場企業の中には、年々、増収増益を繰り返して、過去最高益を更新しているような優秀な企業もあります。しかし、その企業の株価はどうかというと、２００８年のリーマンショック前よりも利益が出ているにもかかわらず、株価はリーマンショック前の水準にすら戻っていないこともあるのです。過去最高益を出す企業の株価が、必ずしも過去最高値を更新するとは限らないということの良い例と言えます。

そういった背景を考慮すると、現物株を購入するだけの片張り投資の場合、銘柄選びよりも投資を行うタイミングのほうが重要と言えます。どんな優良企業を見つけたとしても全体の株式市場が下落しているタイミングで投資をして勝つことは非常に困難です。

通常の現物取引（買い）で株式投資を行う場合には、個別企業の業績よりも株式市場全体が上昇か下落のどちらのトレンドにあるのかを重要視してください。

2012年12月に民主党政権が終焉を迎え、自民党が政権奪還を果たしました。安倍晋三総理のもと、デフレ脱却を目指し、インフレターゲットを設定、大胆な金融緩和を行う通称「アベノミクス」と呼ばれる金融政策を発表した効果によって、為替は一気に円安となりました。株価も息を吹き返し、9000円前後だった株価は、翌年5月の1万5942円まで休憩せずに上昇を続けました。

政権が代わり、金融政策を発表したことで、日経平均株価は6カ月の間に7000円近く上昇したのです。

8割近い上昇をした日本の株式市場ですが、その間に企業が大きく利益を出したわけではありません。企業の状況も変わっていません。しかし、国の政策が変わっただけで株価は上昇したのです。

繰り返しになりますが、株式市場全体の上下を一番大きく動かす要因は期待感です。それも国の政策に伴う期待感です。すなわち政治です。世界の株式指数が長期的に上昇している中で日本の株式指数だけが下落していた事実は、この部分が大きく関係しているとしか考えられません。

銀行・証券会社の営業マンが「株価が大変割安な水準で底値圏なので株式投資を始めよう」といくら

◆日経平均株価の推移

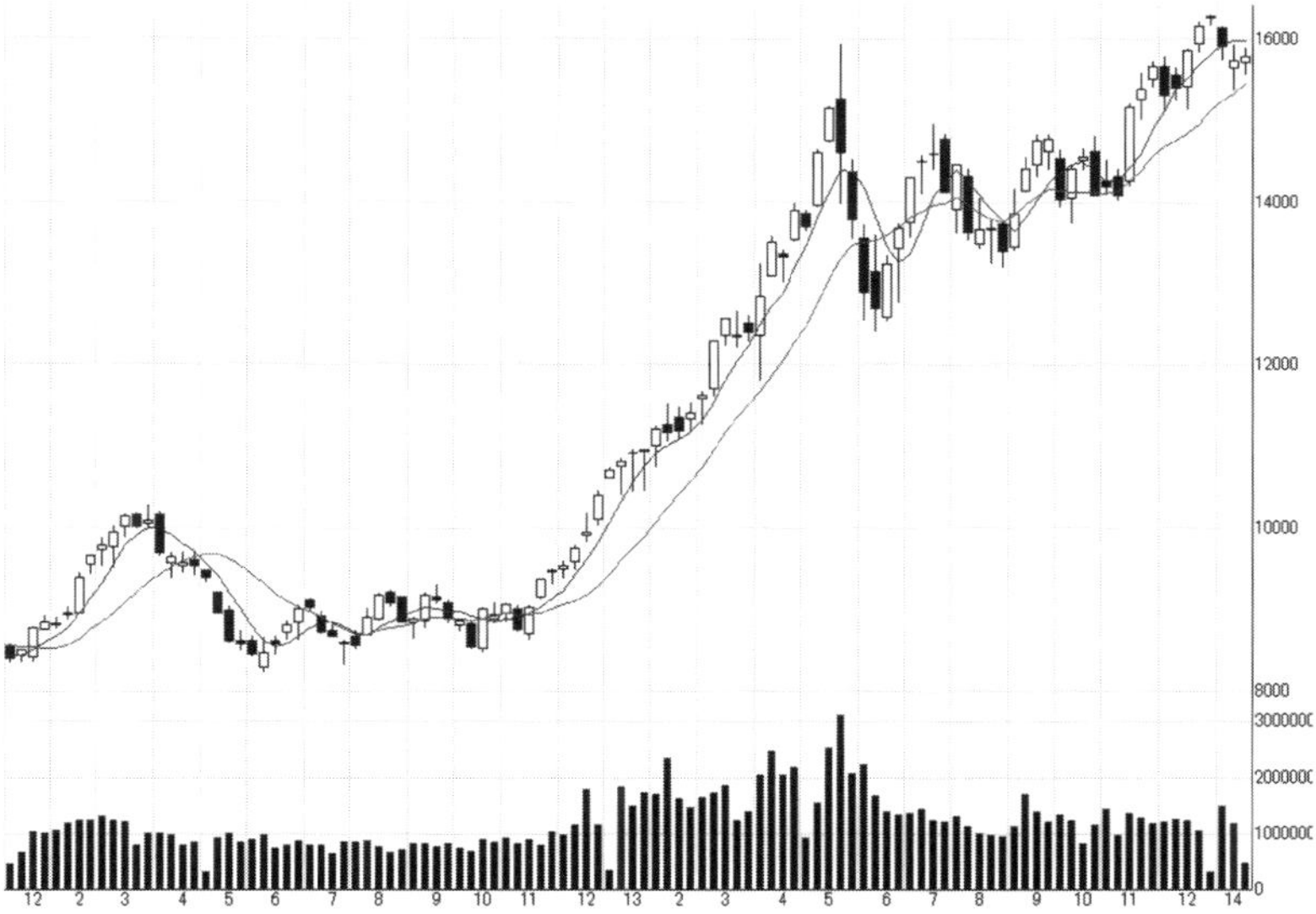

アベノミクスの効果によって、2013 年、日経平均株価は大きく上昇した。国の政策に伴う期待感に株価は反応する

呼びかけても、彼らには株価を上昇させる力はありません。株価を上昇させるには、「将来、国をどういう方向に持っていくのかを決定する具体的な国の政策」が欠かせない、というわけです。

その政策が正しい場合、結果として景気が向上します。景気が向上すると、時差はありますが、企業で働く会社員のお給料やボーナスに反映され、消費活動が活発化し、良い経済循環が生まれます。

金融や株式市場は実体経済よりも先行して動きます。例えば、２０１３年、アベノミクス効果は抜群に作用し、目先の結果としては、大成功と呼べるでしょう。しかし、実体経済を伴わない大きな株価の変動は、やがて無理を生じさせます。今後、副作用が発生する可能性もあるので長期的な目線で見た場合には、「アベノミクスは成功か失敗か」の結果が出るのはまだ数年先になることでしょう。

私は、経済評論家でも経済学者でもなく個人投資家です。政治のことは政治家に任せて、私個人の運用に力を入れるのみです。個人投資家にとって一番重要なことは、自分自身の投資運用成績です。

株式投資を行うとき、多くの方がどの企業に投資するのかを悩みますが、最も大切なのは投資を行うタイミングなのです。「何に投資するか」ではなく、「いつ投資するか」です。株式市場が上下する要因をしっかりと把握し、投資先の企業を決定する前に、投資するタイミングをしっかりと見極めてから投資を行ってください。

8 運用方針の明確化

第1章「勝てる投資家の正しい考え方」で一番お伝えしたい要素が、これからお話しする「運用方針」です。

本書において定義する運用方針とは、投資家自身の理想とする運用の在り方を示します。高リスク・高リターンの運用方針もあれば、低リスク・低リターンを狙う運用方針もあります。長期保有で運用したい投資家もいれば、短期で運用したい投資家もいるでしょう。

投資家の数だけ運用に対する考え方があります。この運用方針を投資家ご自身で明確にすることが大切です。

このときに重要なことは、高リスクも、低リスクも、長期も、短期も、どれが正解であり、どれが不正解であるということは一切ない点です。

例えば、１００万円を1年間で１００倍に増やして1億円にする運用方針も間違っていません。なぜなら、1年間で資産を１００倍にすることは、投資の世界では可能だからです。もちろん、その分、リスクも高くなりますが、そのリスクを覚悟のうえで投資するのであれば、まったく問題ないでしょう。

問題なのは、1年間で資産１００倍を目指す運用方針を掲げながら、日本国債に投資するようなやり方です。現実的にそのようなことをされている方はいないと思いますが、反対のケースはよくあります。運用方針は「低リスクで、大きな損をしたくない」と考えている投資家が、実際には高リスクの金融商品に投資して大損しているケースです。私は今まで、運用方針と行動が一致していない投資家を数多く見てきました。そもそも運用方針そのものがない投資家もとても多いです。

短期的な値上がりを狙い、購入した金融商品が評価損になってしまっても損切りすることを嫌がり、結果、塩漬けにして長期的に保有する。このように運用方針がすぐにブレる投資家も多くいます。投資で勝てない典型的なパターンです。

本書をお読みいただいたご縁です。実際に、紙にご自身の運用方針を書き出してみてください。何も雛形がないところから考えるのは難しいので、運用方針を明確化できる簡単なテンプレートをご用意させていただきました。５５ページにて紹介している項目に回答いただければ、運用方針が明確化されると思います。

どのような運用方針を作っても正解・不正解はありません。ひとりひとり、運用に対する考え方があり、誰かに否定されることはありません。まずは感情のまま、思い通りに運用方針を作成してください。

この6つ目の項目において、「投資でやりたくないこと」を決めることも重要です。1回1回の運用は短期としても、その短期の取引を何年間も継続することになりますので、結果的に投資は長期戦になります。やりたくないことを長期的に継続することは不可能です。

例えば、私の場合、投資に多くの時間を費やしたくはありません。毎日、株価を必ず確認しておりますが、株式市場が引けた後に株価を一度チェックするだけです。株式が売買されているザラ場はほとんど株価を見ておりません。

私が株式投資に費やしている時間は、分析なども含めて、1日に1~2時間程度です。スキャルピングやデイトレードのようにパソコンの前に張り付いて長時間トレードをすることもほとんどありません。そういったやり方は、私の運用方針ではないからです。

それに加えて、投資においてストレスを感じる運用も行わないようにしております。保有中の銘柄の損益が気になるような運用は行いません。投資資金なども管理しております。もしも、日中出かけてい

運用方針を決めるときのヒント

■投資の運用資金はいくらあるか

■年間の目標リターンを決める
→利回り10%、プラス100万円（金額ベース）　など

■許容リスクを決める
→運用資金の20%までの損失、マイナス100万円（金額ベース）　など

■投資対象を決める
→株、債券、ＦＸ、オプション、先物、不動産　など

■保有期間を決める
→スキャルピング、デイトレード、スイングトレード、１年以上の長期　など

■その他
→個人の性格、取引時間、投資戦略、投資でやりたくないこと　など

ます。

るときに日経平均株価大暴落というニュースが流れたとしてもまったく心配いらない運用を行っており

私は、過去にリーマンショックで大きな失敗をしております。毎日毎日損失が拡大していくさまを見せられるという、本当に胃が痛い思いを経験しました。寝ていても翌日の相場が気になり、友人と食事をしていてもポジションの損益が気になってしまうような、一喜一憂する苦い経験を味わった結果、「これから先はストレスのない運用を継続していこう」と心に決めたのです。

投資は長期戦です。嫌なことは継続できません。やりたくないことをしなくてもよい投資が世の中に存在する可能性はあります。まずは、テンプレートを活用して、ご自身の運用方針を決定してください。

次ページに、テンプレートに沿った私の運用方針の一部を載せさせていただきました。参考になれば幸いです。

■増田の運用方針

【年間の目標リターン】

年利30％～50％

（100万円の投資資金が１年後130万円～150万円）

【許容リスク】

証券口座内の運用資金はすべてなくなっても構わない。

【投資対象】

株式・ＦＸ

【その他】

・基本戦略は両建て売買（サヤ取り投資）

・日中の相場を見なくてもよい投資

・投資に時間を費やさない

・ストレスなく精神的に楽な投資

9 リスクとリターンの関係性と投資戦略

運用方針が決まったら、リスクとリターンの関係からどのような戦略で投資するかを決定します。儲かる投資であれば何でもよいと思われるかもしれませんが、現実はそう甘くはありません。そういう安易な考えでは、いずれ失敗します。

当たり前ですが、年間の目標リターンが高ければ高いほど、リスクも高くなります。リスクとリターンは正比例です。リスクを取らなければリターンは狙えません。仮に、目標リターンが100％（1年で資金が2倍）の場合、運用資金が半分になるリスクがあるとお考えください。

目標のリターンと許容できるリスクが決まれば、ある程度、自動的に投資対象と投資戦略も決まってきます。

投資対象を株式として、1年間で100％（1年で資金が2倍）のリターンを狙った場合、東証1部の大型銘柄に分散投資してはいけません。現実的にほぼ不可能です。

株式で1年間に利回り100％を狙うのであれば、東証マザーズやJASDAQ（ジャスダック）に上場している新興銘柄に投資しなければ、まずその目標を達成できないでしょう。

今後、成長性の高い企業を先駆けて見つけて投資するのもよいですし、投資対象をFXや先物にしてレバレッジをかけて投資してもよいかと思います。

目標リターンとリスクから正しい投資選択を行い、運用方針とのギャップが出ないようにしてください。

運用方針の決定から戦略の考え方を書きましたが、実際の投資において、年間リターン100％は難しい目標でしょう。単年で達成することは可能ですが、毎年達成することは、かなり難しいと思います。

一般的に、株式投資で現実的に狙って取りにいけるリターンは30％～50％程度ではないかと感じます。100万円の運用資金が1年後130万円～150万円に増えているイメージです。

この目標リターンであれば、あまり無理することなく、平日の昼間のお仕事が忙しくて株価が見られない会社員の方でも頑張れば達成可能であると、私は考えています。

10 売買ルールについて

運用方針が明確になり、投資対象と戦略が決まったら、最後にその運用方針に沿った細かい売買ルールを作成します。

この売買ルールは、サイコロゲームでお伝えしたような、期待値がプラスになる「優位性のある売買ルール」にしなければなりません。

私が専門にしている両建て売買のサヤ取り投資のほかにも、さまざまな投資戦略や手法があります。代表的な例として「バリュー投資」「グロース投資」などがありますが、結論から言うと、すべての投資戦略や手法で利益を出すことは可能です。すべては売買ルール次第です。

売買ルールについては、日々の運用を行う中で少しずつ調整していく必要があると考えております。

しかし、運用方針は簡単に変えてはいけません。運用方針は投資家のすべての基軸となります。

金融市場は生きています。そして、日々進化しています。株式市場における法律の改正や税率の変更、ネット環境の整備による高速化や企業そのものの経営体質の変化など……。

そんな金融市場ですから、何かのきっかけで、これまではうまく通用していた売買ルールが通用しなくなってしまうケースもあるのです。たまたま運が悪く負けているだけであればいいのですが、売買ルールに優位性がなくなる事態も頭の片隅に入れておかなければなりません。永遠に利益を出し続けられる夢のような売買ルールはありません。

頻繁に売買ルールを変えてはいけませんが、必ずしもこだわり続ける必要もありません。基本の売買ルールに対して、相場の状況に応じて多少修正を加えていくことは大切です。その結果、最終的に洗練された自分だけの独自の売買ルールが完成します。

例えば、次のような売買ルールを作ったと仮定しましょう。

◎仕掛け：移動平均線がゴールデンクロスしたら買い
◎利益確定：プラス5万円で利益確定
◎損切り：マイナス5万円で損切り

この売買ルールで、移動平均線のゴールデンクロスという条件に優位性があれば、繰り返し回数をこなせばこなすだけ利益が積み重なっていくことでしょう。サイコロゲームと同じです。しかし、上記のようなルールを作り、実際に運用をしてもうまくいかない場合は、売買ルールに修正を加えていく必要があります。

移動平均線のゴールデンクロスという条件にＲＳＩの条件を加えてもいいですし、ＭＡＣＤを取り入れても構いません。期待値がプラスになる売買ルールを見つけることが大切です。投資の一番基軸となる「運用方針」を定めてから優位性のある売買ルールを作り、ときに修正しながら、その優位性のある売買ルール通りに運用を繰り返し、継続してください。

売買ルールに優位性があれば、継続するだけ利益になります。反対に、優位性がなければ損失になります。普遍的で完成された売買ルールは存在しません。良し悪しもその投資家によって違います。投資にはさまざまな投資対象や戦略・手法がありますが、運用方針に合った自分だけのオリジナルな手法を構築してください。

なお、第３章「サヤ取り投資の実践」で、私自身の戦略と売買ルールを解説させていただきます。参考になれば幸いです。

11 負ける投資家の共通点

負ける投資家には、共通点があります。勝てる投資家にも共通点があります。負ける投資家と勝てる投資家の一番の違い。それは「損切り」です。

投資で利益を出して勝っている投資家は、損切りができます。投資で損失を出して負けている投資家の多くは、損切りができません。つまり、損切りができなければ投資で利益を出して勝つことは不可能なのです。

大げさに聞こえるかもしれませんが、投資において損切りができるようになれば、勝ちはもう目の前です。

冒頭で、私が「リーマンショックの失敗で大きく損失した原因は、はっきりしている」と書かせていただきました。当時の私は「損切り」ができなかったのです。損切りができずに、日々、損失が拡大し、精神的にも、資金的にも、追い詰められていったのです。結果、自ら損切りしたのではなく、強制ロスカットという形でネット証券のシステム上、決済されてしまいました。運用資金の保有残高はほとんど残っておらず、投資をすぐに再スタートすることはできませんでした。

100万円ある運用資金を10%のマイナスで損切りし、90万円まで目減りさせたとしても、そこから挽回して利益を狙うことは十分可能です。しかし、運用資金を半分の50万円まで目減りさせた場合には、その年に損失を穴埋めして、かつ、利益を狙うのはもう無理です。

皆さんも、これまでにも他の機会で損切りの重要性を聞いたことがあると思います。損切りの重要性に関しては、基本すぎておもしろくないかもしれません。しかし、「損切りできるかできないか」が「投資の世界で生き残れるかそうでないか」を左右するカギになる、と言っても過言ではないのです。

投資は、基礎が重要です。損切りの重要性は、わかってはいるけど実際にできない投資家の方は多いと思います。

わかっていることと実際にできることは違います。投資家として生きていこうと考えているならば、必ず「損切りはできる」ようになってください。

投資で勝てない投資家のほとんどが、この損切りという最初の壁を越えられずに脱落してしまいます。しかし、この壁を越えることができた投資家は、運用で大きく損をすることはなくなります。相場という世界での生存率は一気に高まり、長く戦い続けることが可能になります。そして、相場で長く投資する中で経験を重ね、自身の投資手法を磨き、利益が出せる投資家になっていくのです。

損切りの大切さについて書きましたが、「なぜ、人は損切りができない」のでしょうか？　あらかじめ売買ルールに「損失が５％になったら損切りする」と決めてあったとしても、その決めたルールをどうして破ってしまうのでしょうか。

その理由は、とてもシンプルです。人には「感情」があるからです。感情が損切りという行動を認めさせないのです。

投資において、感情のコントロールは極めて重要です。メンタルと言い換えることもできます。

投資する金額が大きくなればなるほど、感情も大きく動きやすくなります。例えば、次のことを考えてみてください。

100万円の運用資金のときにはできた行動が、1億円の運用資金になったときにも、果たして同じようにできるか？

投資の場合、資金が100万円でも、1億円でも、やることはまったく同じです。ただ、入力する株数の桁を増やすだけです。それなのに、現実はうまくはいきません。「メンタルを鍛えてください」と言葉で言うのは簡単ですが、実際はかなり難しいので、この場では「必ず〝損切り〟してください」に留めておきます。

あらかじめ決めた損切り水準に達しているにもかかわらず、「ここまで下がったら明日は、そろそろ上がるだろう」と考えてしまい、売買ルール通りに決済しなかった経験は、誰にでもあるはずです。感情が邪魔をしてしまい、冷静な判断ができずに売買ルールを破ってしまうのです。

投資においては、感情は一切、必要ありません。欲張って利益確定が遅れてしまうことについては許したとしても、損切りだけは徹底してください。

投資において、どういうときに人の感情が動きやすいのかを知っておくといいと思います。人の感情が動きやすいタイミングには共通点があります。

それは「ボラティリティー」です。ボラティリティーとは価格の変動性のことを意味します。変動の幅が短期的に大きくなったときほど、人は感情的になってしまうものです。

例えば「3万円の損失で損切り、3万円の利益で利益確定する」という売買ルールを設定し、投資を開始してから毎日1000円ずつのペースで1カ月間ずっと負け続けたとしましょう。1カ月後に計3万円を損したときは、おそらくルール通りに損切り決済できると思います。

しかし、これが仕掛けを行った翌日に1日で3万円の損失が出たらどうでしょうか。きっと冷静でいられなくなり、ルール通りに損切りできない可能性が高くなると思います。

相場が大きく変動したときに、冷静に状況を分析して、臨機応変に対応できるのはよっぽどの上級者だけです。あらかじめ設定した売買ルールにしたがって、確実に損切り決済してください。

ここまで損切りを中心にお伝えしてきましたが、損切りの反対の利益確定も同じです。予想通りに3万円の利益が出ているのに「これからまだ上がるかも」という欲を出してしまい、せっかくの利益を逃してしまったこと、投資をしていれば誰にでもあるはずです。最悪の場合、そこから損切りになった方もいるでしょう。

勝てる投資家になるためには、事前に作成した売買ルール通りに行動しなくてはなりません。だからこそ、感情が動きやすいタイミングを把握しておくことが大切なのです。負けるときも、勝つときも、できる限り波がなく、穏やかに損益が推移するような取引を心がけていただきたいと思います。

今日、ストップ安の銘柄に投資して、明日、ストップ高を狙うような〝ジェットコースターの運用〟を否定はしませんが、このやり方は通常のメンタルでは継続することはできません。もしも3連敗したならば、4回目はエントリーしにくくなると思います。

常に一定の波で、感情的にならず、冷静に売買ルール通りに投資することを心がけてください。

12 知識よりも結果が大切

投資において、知識量と結果は必ずしもイコールではありません。頭が良いからといって投資で勝てるかどうかは別問題です。

もちろん知識があり、頭が良いほうが投資で勝てる確率は高まります。だからといって、その知識量が投資成績に比例することはありません。投資で勝つために重要なことは、基礎をしっかりと理解して、「優位性のある売買ルール」を「感情に流されずに継続する」ことです。

ヤフーやグーグルなどの検索サイトにて『２０１３年マーケット 予想』と検索してみてください。銀行や証券会社などの金融機関の専門家たちが年初に「今年の日経平均株価は○○円」と予測しております。しかし、６カ月後の結果を見ると、予測とは大きくかけ離れているのが実情です。

株価や為替の予想が外れてしまう事実は、決して専門家のレベルが低いことが原因ではありません。将来の日経平均株価やドルの価格は誰にもわからないのです。素人が予想しても、専門家が予想しても、私が予想しても、誰が予想しても、結果はさほど変わりません。

しかし、なぜ誰にもわからない相場を専門家に予想させるのでしょうか？　その答えは、世間がそれを望むからです。

世間は自分以外の誰かに相場の予想を聞きたがります。相場の予想は、誰かがやらなければならない仕事なのです。

もうひとつ重要な要素として、株価を予想し、個別企業のレポートを書くアナリストの方々は、金融機関に勤めている会社員であるということも忘れないでください。

例えば、ある証券会社のアナリストが家電メーカー○○電機についてレポートを書くときには、○○電機の社員の方から直接、業界の景気や新製品などについていろいろと話を聞かせてもらうことになります。

その後、世間に公表されるレポートやレーティングにおいて、

○○電機【売り】　翌年の業績は低下予想

というような発表が簡単にできるでしょうか。

証券会社が出すレポートやレーティングの内容によって個別株の株価は確実に変動します。市場にインパクトを与える大きな力を金融機関は持っているのです。時間を割いて話をしてくれた○○電機の社員は、間違いなく、その金融機関に対して良い思いを抱かないでしょう。

上場企業は、銀行・証券会社のような金融機関と必ず取引を行っております。それは、銀行の場合は融資であったり、証券会社の場合はファイナンスであったりさまざまです。

上場企業は、金融機関にとっても大切な取引先のお客様です。長年お付き合いのある企業に対して、金融機関に勤めている会社員のアナリストが、自身が感じた思い通りの内容をレポートに本当に書けるでしょうか。

この話については、私も他人事ではありません。

私は、投資助言会社のアナリストとして、株式の売買シグナルの配信サービスを行っております。その売買シグナル配信サービスは、両建て売買のサヤ取り投資です。買い銘柄と空売り銘柄を、仕掛けの前日にお客様にシグナル配信します。つまり、シグナル配信を出すたびに、必ずどこかの会社を空売り推奨にしているのです。そして、シグナルを受け取った全国にいるお客様が翌日の寄り付き注文にてシグナル通りに空売り推奨銘柄を空売り注文します。TOPIX100の大型銘柄しかシグナルを出さないので、それだけではマーケットを動かすまでのインパクトはないでしょう。

しかし、この空売り推奨をする売買シグナルを出したことについて、もしもその大企業から何かしらの圧力を受けた場合、その後、私は怖くてその会社の空売り推奨はできなくなってしまいます。大手金融機関とは違い、クローズドなサービとはいえ、そういう意味では、先ほども書いたように他人事ではないのです。

人の予想や意見を聞くことは大切です。しかし、その解説や予想が相場の正解になるとは限りません。投資の決断を行うのはどんなときでも投資を行う投資家自身です。すべて自己責任で納得できる投資を行ってください。

厳しい世界ではありますが、感情に流されることなく、賢い投資家になることができれば、投資で利益を出すことは可能と考えております。世間に投資情報はあふれておりますが、正しい金融知識を習得し、まわりに流されることのないよう、「運用方針」という確固たる基軸を定めた、期待値がプラスの優位性のある売買ルールで投資を継続してください。

次章以降、私が実際に行っている「サヤ取り投資」という期待値の高い投資手法について、詳しく解説していきます。

第2章

サヤ取り投資の基礎

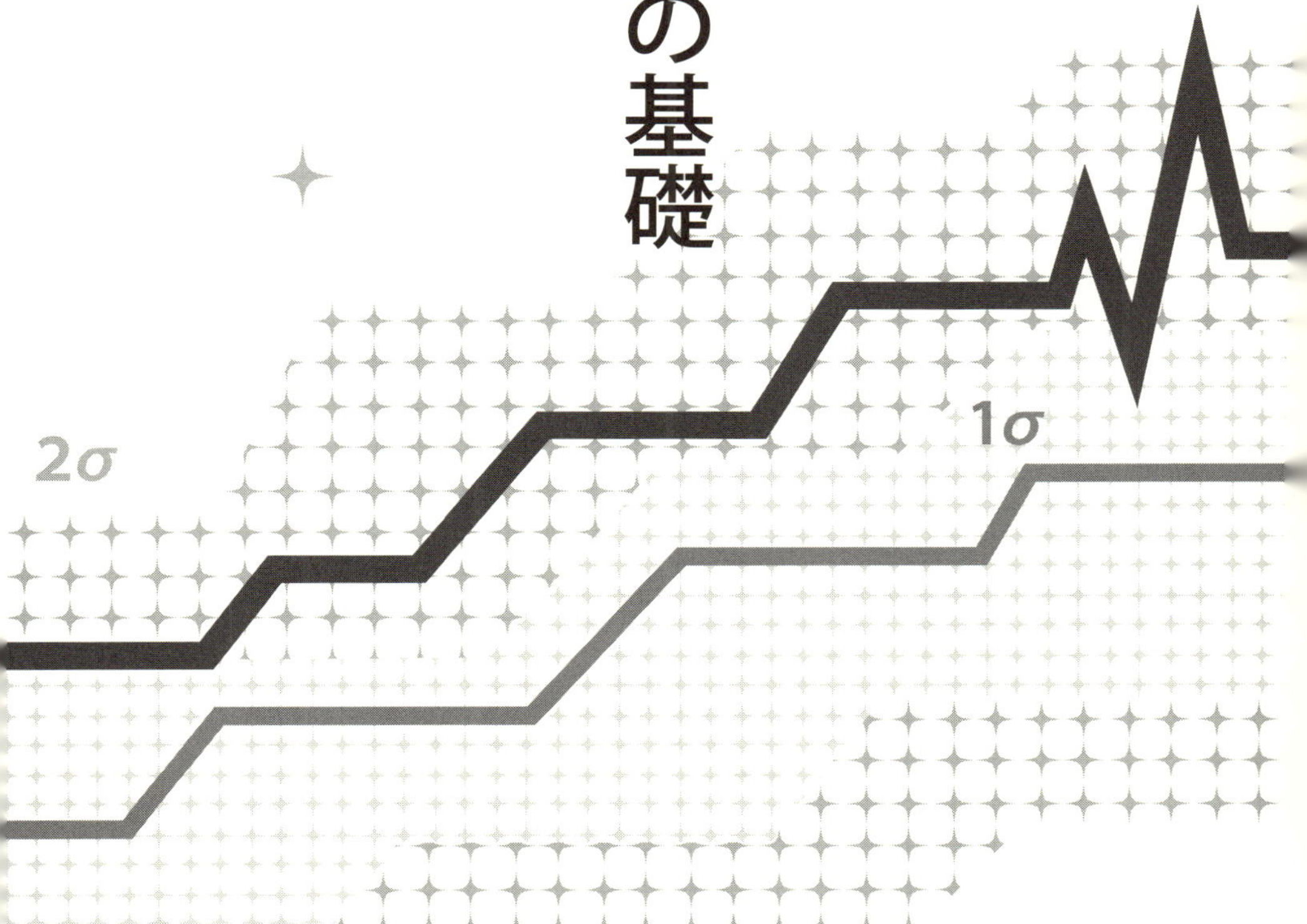

1　サヤ取り投資とは

（1）サヤ取り投資とは

サヤ取り投資とは、値動きの似た2銘柄について、「買い」と「売り」を同時に行い、その2銘柄の価格差（サヤ）の伸縮から利益を狙う投資手法です。

「銘柄Aを買い」、同時に「銘柄Bを売る」

※銘柄Bの売りとは空売り（後述）です

このように「買い」と「売り」を同時に保有することを「両建て」と呼び、総称して両建て売買と呼びます。サヤ取り投資は、まさしく「買い」と「売り」を両建てする投資手法です。

一般的に投資における「売り」とは、「買い」の後に決済する意味として「売り」と表現されますが、サヤ取り投資においての「売り」とは「空売り（信用売り）」を意味します（空売りについては、本章の第2節で解説します）。なお、本書における「売り」というワードが出てきた場合には「売り」＝「空売り」と認識してください。

(2) サヤとは

サヤ取り投資の「サヤ」とは、先述したように、「買い銘柄」と「売り銘柄」の価格の開き具合を意味します。サヤ取り投資では、この価格の開き具合（サヤ）を利用して利益を狙います。

79ページの上段の2銘柄の株価推移を比較した「騰落率チャート」を見てください。これは日産とトヨタのものです。両者とも似たような値動きになっていることがわかるかと思います。仮にトヨタを買い銘柄A、日産を売り銘柄Bとします。

このときに重要なことは、買い銘柄A（トヨタ）の株価が上がろうが下がろうが、売り銘柄B（日産）の株価が上がろうが下がろうが、損益にはまったく関係ないことです。

サヤ取り投資にとって重要なのは「サヤの動き」です。次ページのチャートを見てもらうとわかるように、サヤ（＝トヨタと日産の株価の開き具合）はいつも一定の幅にはなっていません。狭いときもあれば、広いときもあります。サヤ取り投資では、このサヤの伸縮を狙います。具体的には、サヤが縮まる方向に仕掛けることもあれば、逆に、サヤが広がる方向に仕掛ける方法もあります。

繰り返しになりますが、トヨタの株価が上がろうが下がろうが、日産の株価が上がろうが下がろうが、サヤ取り投資の場合には、まったく関係ないのです。

サヤ取り投資について、これから詳しく解説していきますので、現時点では、次の3つのことを頭に入れておいていただきたいと思います。

◎値動きの似た2銘柄について「買い」と「売り」を両建てする（同時保有する）売買であること
◎両建てさせたときの2銘柄の価格の開き具合を「サヤ」と呼ぶこと
◎株価の上下ではなく、サヤの動きが利益の源泉になること

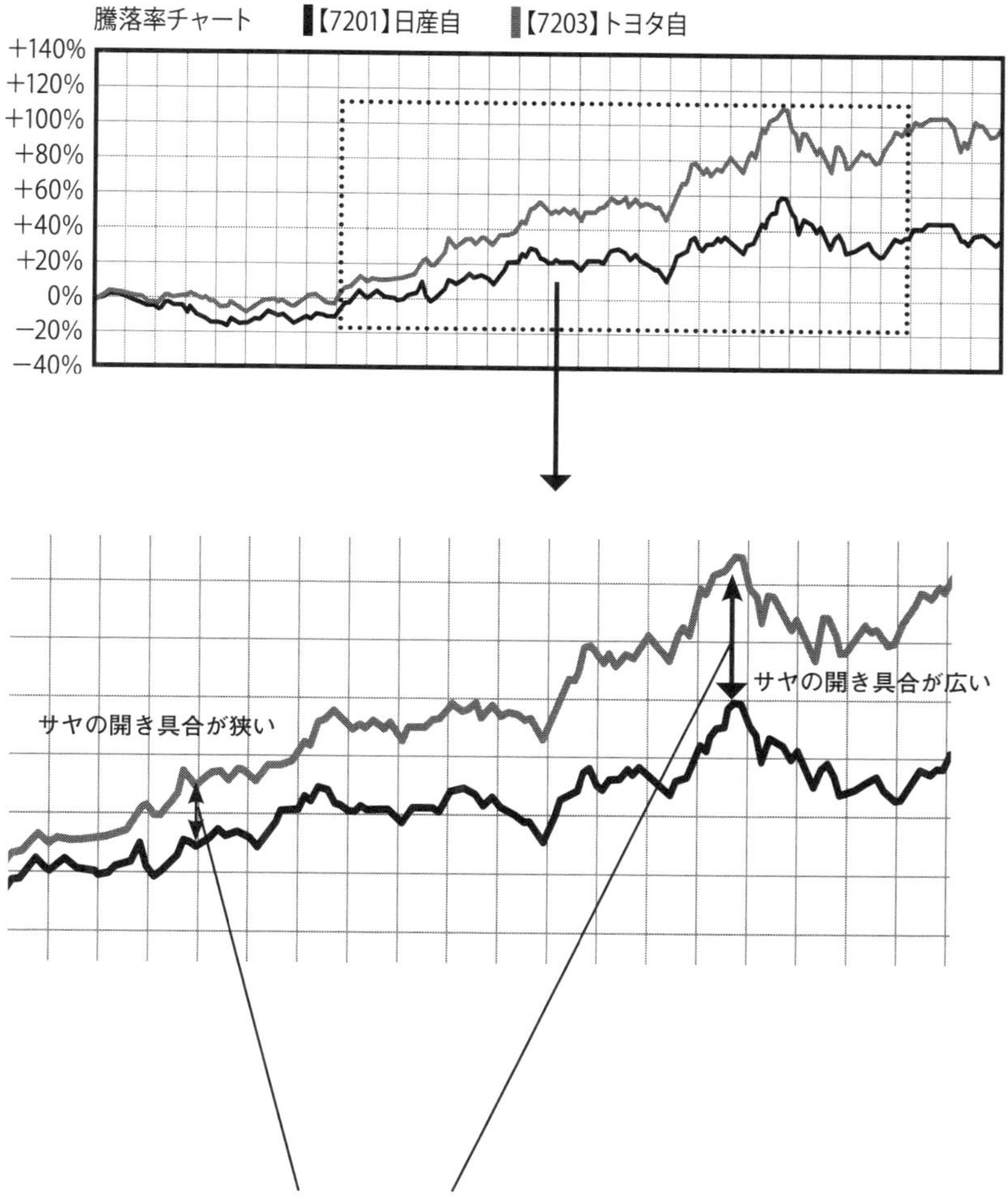
騰落率チャート
【7201】日産自
【7203】トヨタ自
+140%
+120%
+100%
+80%
+60%
+40%
+20%
0%
−20%
−40%
サヤの開き具合が狭い
サヤの開き具合が広い
買い銘柄（トヨタ）と売り銘柄（日産）の価格差＝サヤ

（3）サヤ取り投資を実践するうえで知っておくべき知識

サヤ取り投資を実践するうえで、知らなければいけないことはたくさんあります。そのうち、以下に挙げるものについては、最低限、身に付けておかなければならないものです。

基礎知識

◎信用取引（空売り）の知識
◎サヤ取り投資の優位性
◎サヤ取り投資の損益
◎サヤ取り投資のメリット&デメリット
◎サヤ取り投資には2つの統計が必要なこと

実践知識

◎相関係数
◎標準偏差（σ）
◎株数調整
◎アウトパフォーム&アンダーパフォーム

次節以降、それぞれを詳しく解説していきます。

2 信用取引（空売り）について

株式投資には2種類の取引方法が存在します。「現物取引」と「信用取引」です。

現物取引とは、一般的な株取引です。現物取引の場合は、株式を「買い」から投資することしかできません。株式を安く買い、高く売って利益を狙うのが現物取引です（83ページの上段参照）。

もうひとつの信用取引では、現物取引には存在しない2つの大きな特徴があります。

①レバレッジをかけることができる
②空売り（信用売り）ができる　※6カ月以内に反対売買（決済）

まず、「レバレッジ」についてお話しします。信用取引の場合、証券会社からお金を借り入れることによって、証券口座内に入っている運用資金の3倍の金額まで投資を行うことができます。例えば、100万円の運用資金で300万円分まで投資することが可能です。

このように本来の運用資金以上の金額で投資ができることをレバレッジと呼びます。信用取引でレバレッジをかける場合、リターンは高くなりますが、その分だけリスクも高くなります。

信用取引のもうひとつの特徴は「空売り（信用売り）ができる」ことです。この空売りがサヤ取り投資にとって重要になります。サヤ取り投資は、この空売りの原理をうまく活用する投資手法になるからです。

空売りでは、株価が下落すると利益になる仕組みになっています。通常の株式投資の現物取引の場合、株価が上昇した分が利益になり、株価が下落した分が損失となりますが、空売りはそれとはまったく正反対の取引です。空売りでは、株価が下落した分が利益になり、株価が上昇した分が損失となります（次ページの下段参照）。

株価が下落すると利益が出る空売りを利用すれば、下落相場でも利益を狙うことができます。上昇相場では現物取引で株式を買い、下落相場では信用取引で空売りをすることで、どのような相場トレンドのときにも対応できます。

【現物株】株価上昇＝利益・株価下落＝損失

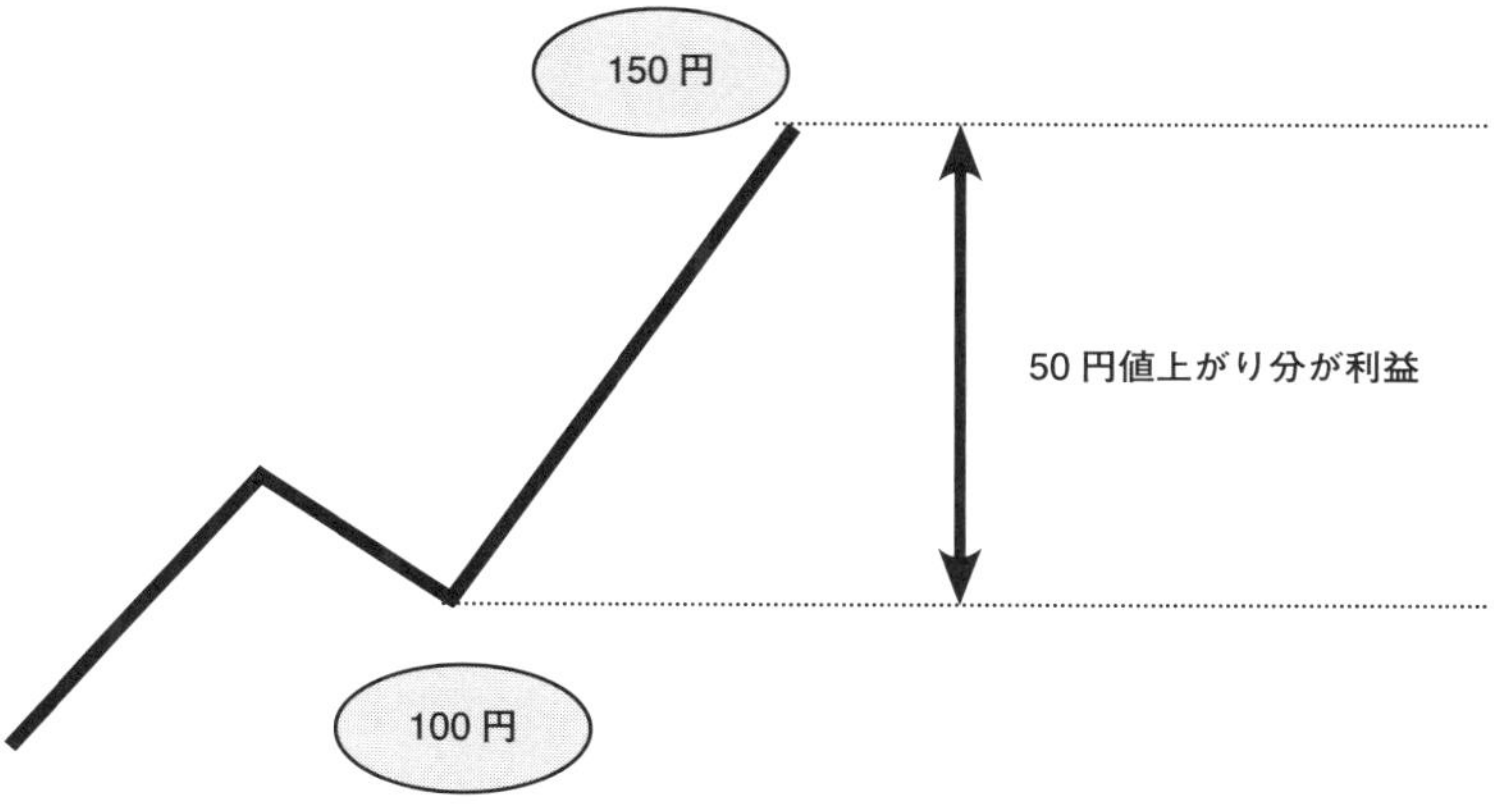

【空売り】株価上昇＝損失・株価下落＝利益

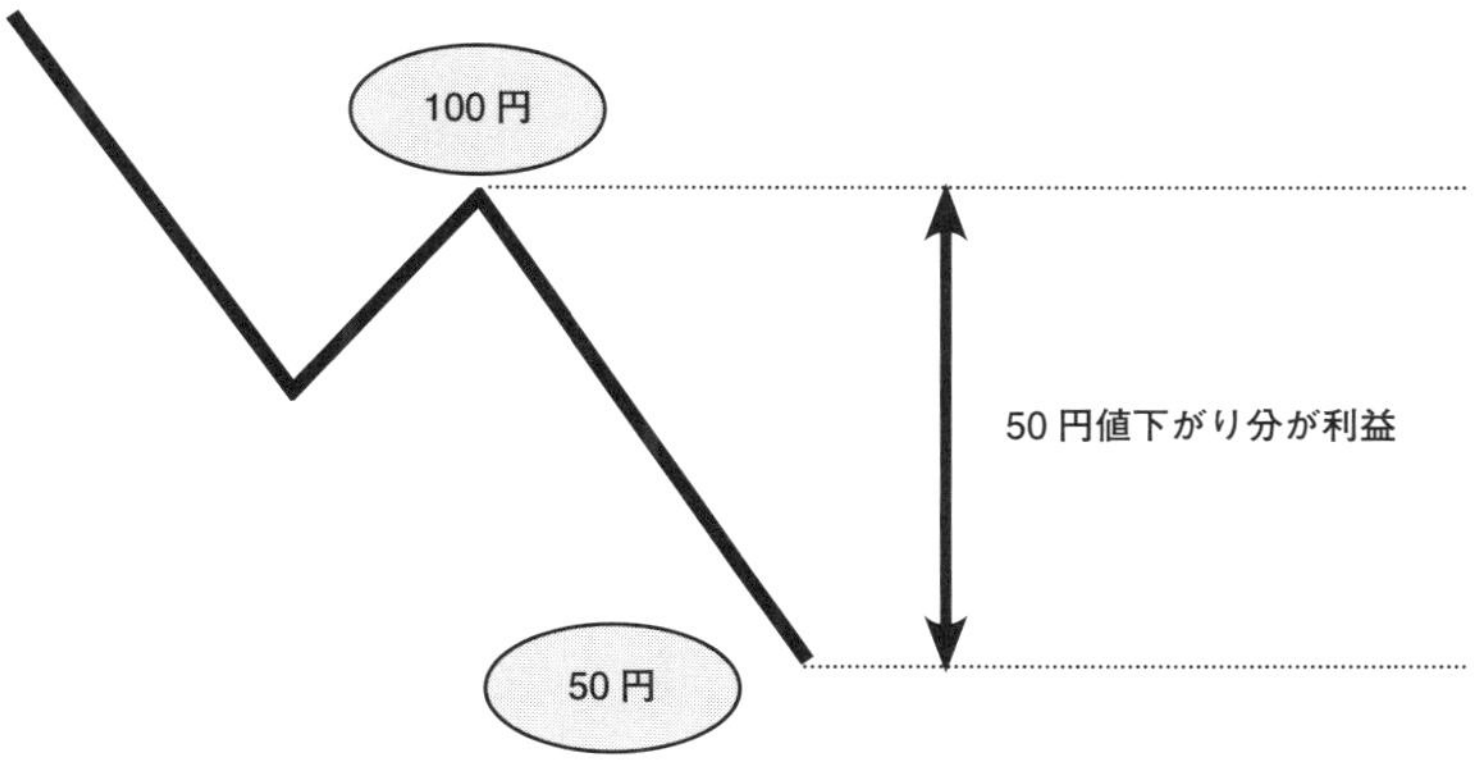

ここで、「なぜ買いで保有していない株式を先に売ることができるのか」について疑問に思う方も多いでしょう。

空売りの仕組みは、株式を借りて先に株式市場で売り、後から買い戻すという原理になっています。ただ、これではわかりにくいと思いますので、例え話で解説させていただきます。

空売り原理の説明例（※あくまでも例です）

金融機関が舞台となり、平均視聴率が３０％を超える大ヒットドラマがありました。そのドラマは過去に出版されている小説が原作になっており、ドラマのヒットを機会に原作の小説も注目を集め、多くの書店で品切れの状態が続いています。

ドラマに夢中のＡさんは、友人Ｂさんがドラマの原作小説を持っていることを知り、Ｂさんに貸してほしいとお願いします。Ｂさんは、６カ月以内に返してもらう約束でＡさんに原作の小説を貸すことにしました。

Ａさんは、すぐにその小説を読み終えてしまいます。Ｂさんに小説を返却しようと向かう途中、Aさんは、書店である張り紙を発見しました。それはBさんに借りた小説の高価買い取りの張り紙です。

お金に困っていたAさんは、Bさんから借りたその小説を書店で買い取りに出してしまいます。小説の買い取り価格は1000円。Aさんは、Bさんから借りた小説を売却して1000円の現金を手に入れたことになります。

しかし、Aさんは、6カ月後にBさんに小説を返さなくてはなりません。

さて、その数カ月後……。

Aさんは、Bさんに小説を返すために、再度、書店を訪れます。ドラマの最終回も終わり、ブームも終了したその小説は、どこの書店でも簡単に手に入れることができる状態になっていました。現在、小説は800円で販売されています。Aさんは、800円でその小説を買い戻してBさんに返却しました。Bさんは、貸していた小説が戻ってきただけなので損も得もしていません。

一方、Aさんは、小説を1000円で買い取りに出したときに書店から現金1000円を受け取っています。後に800円で買い戻しているのでAさんは実質200円の利益を得たことになります。借りた物を高値で売り、安くなったタイミングで買い戻したのです。

このときに買い戻した価格が800円ではなく600円まで値段が下がっていれば、Aさんは400円の利益を手にできます。Aさんが小説を買い取りに出して以降、小説の販売価格が値下がりするほどAさんの利益が増える仕組みになっているのです。（以上）

このような例と同じことが金融市場でも可能なのです。小説＝株式、書店＝証券取引所のようなイメージでお考えください。

重要なことは、Aさんは、Bさんから現金を借りたわけではないことです。もし現金1000円を借りていた場合には、現金1000円を返さなくてはなりませんが、AさんがBさんから借りたのは、あくまでも小説です。6カ月以内に小説を返せば問題はありません。

このように保有していない株式を他者から借りてきて株式市場で先に売ることができます。これが空売りです。

空売りの原理についてイメージできましたでしょうか。空売りに対する個人投資家の認知は低く、仮に知っていても実践している投資家は非常に少数です。株式相場が大きく下落しているときでも、個人投資家は〝下落したら儲かる空売り〟をほとんど行っておりません。個人投資家にとっては、〝安く買って高く売る〟現物取引がほとんどです。

日本の株式市場が右肩上がりの上昇を続けているのであれば、それで良いのですが、第1章でもご説明したように日本の株式市場は、長期的にこれまでずっと下落を続けてきました。

もちろん今後、日本の株式市場が大きく上昇していく可能性も考えられます。オリンピックの東京開催が2020年に決定したことからも、この先、日本は大きな経済効果を得られるでしょう。ただ、日本経済の成長に株式市場も歩みを合わせたとしても、一本調子で上がるわけではありません。株式市場は、常に小さな上げ下げの波を繰り返しながら大きな波を作り、推移しています。

現物取引の「買い」だけで利益が出るのは上昇トレンドのときだけになり、レンジ相場や下落相場のときは、休憩しなくてはなりません。しかし、じっと休憩することがいかに難しいか、株式投資の経験があればわかるかと思います。

世間一般的に見て、信用取引には「リスクが高く、危ない投資」というイメージがあるかもしれません。レバレッジを3倍まで利かせることができるのでリスクが3倍になることや、空売りは株価が上昇すると損失になるため、現物株とは違って損失に上限がないことなどが、マイナスイメージの原因となっているようです。

しかし、必ずしもレバレッジをかけて運用しなければならないわけではありません。空売りをしたくなければする必要もありません。レバレッジをかけずに、空売りもせずに、現物取引と同様、手元にある資金のみで運用することも可能です。信用取引は「現物取引にはない選択肢が増えた、上位の取引形態」とお考えください。

信用取引は道具と同じです。使い方次第では便利に活用できますが、間違った使い方をすると大ケガする可能性もあります。

しっかりと正しい使い方を理解し、リスク管理をきちんと行うことができれば、現物取引以上に有効な投資を実現してくれるのが信用取引です。ぜひとも、正しく信用取引を活用して通常の現物取引にはできない投資戦略の幅を広げてください。

コラム：空売りもサヤ取り投資も「悪」ではない

サヤ取り投資は利益の出しやすい優れた投資手法であるにもかかわらず、サヤ取り投資について知らない人のほうが多いのが現状です。メディアで紹介されないことが世間一般で認知されていないひとつの要因であると思われます。

実際、新聞やテレビなどの影響力のあるメディアにおいて、サヤ取り投資の紹介を見かけたことはほとんどありません。その一番の理由は、「サヤ取り投資は空売りを伴う」ところにあります。

空売りには、株式市場の下落を招く恐れがあります。それゆえに、一般的に「空売り＝悪」というようなイメージが定着しているのです。実際に、サヤ取り投資では、何かの銘柄を買ったときには、必ず別の企業の銘柄を空売りします。買われる銘柄の企業は良いですが、空売りされる銘柄の企業は良い思いはしないでしょう。

事実、証券会社などのような大手の金融機関が、「将来的に株式相場が下落する」と予想した場合でも、お客である投資家に銘柄の空売りの推奨は行いません。業績が悪く、株価の下落が予想される企業があったとしても空売りは勧めにくいものです。金融機関もさまざまな企業とお付き合いがあります。買いの推奨であればいくらでもできますが、会社として空売りの推奨を行いながら、その企業と仲良くお付き合いすることは現実的に不可能です。大人の事情があるのです。

投資信託を設計し運用を行う投信運用会社でも、お客の投資家たちから集めた多額の運用資金で投資を行うため、規制によって空売りできないルールになっています。

つまり大きな力を持っている日本の金融機関では、空売りを自由に行うことはできないのです。空売りを自由に行えるのは、個人投資家だけの大きな特権です。

世間から嫌われがちな空売りですが、経済という大きな視点で考えた場合、売りを積極的に行うサヤ取り投資家がいることによって株式市場に流動性をもたらし、適正な値段をつけていると考えることもできます。

株式の取引は、相対取引です。売りたい人と買いたい人の値段がお互いにマッチしたときにだけ売買が成立します。

たまに高値で掴まされたとぼやく投資家がおりますが、実際にはその投資家自身がその値段で買いたいと思い、自分自身で掴んでいるのです。その値段で買いたくなければ買わなければ良かっただけの話です。買いたい人がいなければ、株式の売買は約定しません。

株式は「買う投資家」と「売る投資家」の両者の値段の合意があったときにのみ売買が成立します。空売りは、買いたいと思っている投資家に売りを提供し市場の流動性を担っています。

金融市場の流動性が高くなるほど、株価に適正な価格がつき、より効率的な市場になるのです。不当に上がり過ぎている銘柄は売られ、反対に不当に下がり過ぎている銘柄は買われるべきです。サヤ取り投資を行う投資家がいることによって株式市場が公平に保たれていると考えることもできます。これは私の勝手な持論ではありません。経済的に正しいことなのです。

以前、東京証券取引所に勤めている偉い方にお会いしたときにも、同じことを述べておりました。

「売る人がいないと買えない」

「空売り」について間違った認識を持っている方が多いので、増田さんからも正しい知識を広めてほしいとお墨付きをいただいております。東証は個人投資家にどんどん空売りしてもらって構わないと考えています。

空売りがあるからこそ、市場が保たれているのです。空売りも、サヤ取り投資も、経済学的に見て、決して悪ではありません。

3 サヤ取り投資の優位性について

第1章にて、投資で利益を出すには、期待値がプラスになるような優位性のある取引を継続して行う必要があるとお伝えさせていただきました。

果たして、サヤ取り投資が本当に優位性のある取引なのか、疑問に思う方もいるかもしれません。サヤ取り投資に優位性があり、実際に儲かりやすい投資手法であることは、私が証明せずとも投資の歴史が証明しています。サヤ取り投資が儲かるか儲からないかを議論する必要はないのです。

世界の金融の中心は、アメリカ・ニューヨークのウォール街です。ウォール街には、ニューヨーク証券取引所をはじめ、連邦準備銀行（ＦＲＢ）や証券会社、大手銀行などが集中しています。その中でも投資家からお金を預かり、投資でお金を増やすことをビジネスとしているヘッジファンドには、世界中から秀才たちが集まり、日々、多額の資金を投資で運用しています。

ヘッジファンドの本籍は、書類上ではオフショアと呼ばれる税金などが安い租税回避地にありますが、主な運用担当者であるファンドマネジャーは、情報収集などを目的に、金融の中心地であるウォール街にいることがほとんどです。

そして、そんなヘッジファンドが行っている投資手法こそ両建て売買であり、サヤ取り投資なのです。

投資業界では「買い」のことを通称「ロング」と呼び、空売りのことを「ショート」と呼びます。投資の保有期間が長いか短いかという意味ではありません。

株式を買うことをロング、株式を空売りすることをショートと呼ぶことから「買い」と「売り」を同時に行う両建て売買のことをよく「ロングショート」と呼びます。ロングショート戦略は、ヘッジファンドがもっとも一般的に使う投資戦略です。ロングショート戦略のほかにもヘッジファンドには、さまざまな投資戦略があります。

◎ヘッジファンド戦略

・ロングショート　・アービトラージ　・マーケット・タイミング　・レラティブ・バリュー
・イベント・ドリブン　・マーケット・ニュートラル　・グローバル・マクロ

ヘッジファンド戦略のうち「アービトラージ」「マーケット・ニュートラル」なども両建て売買を活用した投資手法です。このように、「買い」と「売り」を同時に保有する両建て売買も、細かく複数に枝分かれしています。

なぜ世界中の秀才たちがヘッジファンドに集まるのかと言いますと、その理由は単純明快で「お給料」が良いからです。

金融という職業は、世界的に見ると、一番お給料が良い職業なのです。ヘッジファンド代表のこれまでの過去の最高年収は約４１００億円と言われております。

もちろん、これは究極の例ですが、海外のヘッジファンドでは億単位の年収をもらっている社員は山ほどおります。億単位の報酬をもらうということは、当然、その社員は億以上の金額を稼いでいるわけです。

儲からなければ、ヘッジファンドがサヤ取りという選択肢を選ぶわけがありません。この事実からも、両建て売買のサヤ取り投資の優位性を議論する必要はないことがわかると思います。

私たちのような個人投資家では、海外ヘッジファンドが行っているような、統計学を駆使した複雑な両建て売買を行うことは不可能です。しかし、個人投資家でもできる簡単で再現性ある両建て売買も存在します。これから、少しずつ、その方法を詳しく解説していきましょう。

4

サヤ取り投資の損益例

サヤ取り投資は、「買い」と「売り」を同時に保有する両建て売買とお伝えしました。両建てにすることによって実際にどのような効果になるのかを解説します。わかりやすい例として日本を代表する銀行業の２社を例にして解説します。

まず、同じ銀行業を営む２社のどちらかの株式を買い、もう一方の株式を空売りします。

買い銘柄：三菱ＵＦＪ
売り銘柄：三井住友

日本の同じ銀行同士の株式です。普段から株価の値動きは非常によく似ています。株式市場が上昇している日には2銘柄とも株価は上昇し、株式市場が下落している日には2銘柄とも株価は下落しています。

この銀行2銘柄を両建てしている間に万が一、大きな震災やテロが発生し、突発的に株式相場が大暴落したとしても、両社の株価は、ほぼ同じパーセンテージで下落することが予測できます。もしも株式相場全体が急落した場合はどうなるでしょうか?

買い銘柄：三菱ＵＦＪは大幅な損失
売り銘柄：三井住友は大幅な利益

このように大暴落した場合においても、2社の株価は、ほぼ同じパーセンテージで下落するので、どちらか一方は大きな損失になっても、もう一方は大きな利益になります。反対に相場が大きく上昇した場合は、上記の損益が逆になります。

サヤ取り投資の損益の考え方は2銘柄の損益を足し引きしてセットにして考えなければなりません。

買い銘柄の損益がマイナス10万円であっても、売り銘柄の損益がプラス11万円であれば、サヤ取りの損益はプラス1万円と考えます。片方の銘柄で100万円の損になっていた場合でも、もう片方の銘柄で100万円の利益になっていれば、損益は0と考えます。

値動きの似ている銘柄を両建てするので、基本的に、どちらか一方の銘柄が利益になっている場合、もう片方の銘柄は損失になっていることがほとんどです。だからこそ、株式相場の上下変動に関係のない運用が可能となります。

しかし、値動きが似ているとは言っても、三菱UFJと三井住友はいずれも違う企業です。大きな相場変動の上下は、ほぼ連動しますが、個別の株価の値動きには多少の差が発生します。例えば、下落時に、三井住友の株が三菱UFJ株と比べて少しでも下落した場合には、三井住友の空売りの利益が三菱UFJ買いの損失を上回ることがあります（次ページ参照）。サヤ取り投資では、こうした「歪み（＝値動きは似ているのに、一時的に生じる価格差）」を狙っていきます。

この2銘柄の「買い」と「売り」の両建てを行うことで日々の相場の変動を抑え、ヘッジしながらも、2銘柄のサヤの伸縮から利益と損失を合計して利益になった状態で、2銘柄の同時決済を目標に運用を行う。これがサヤ取り投資の仕組みです。

◆値動きが似ている銘柄でも、株価の動きには差が出る

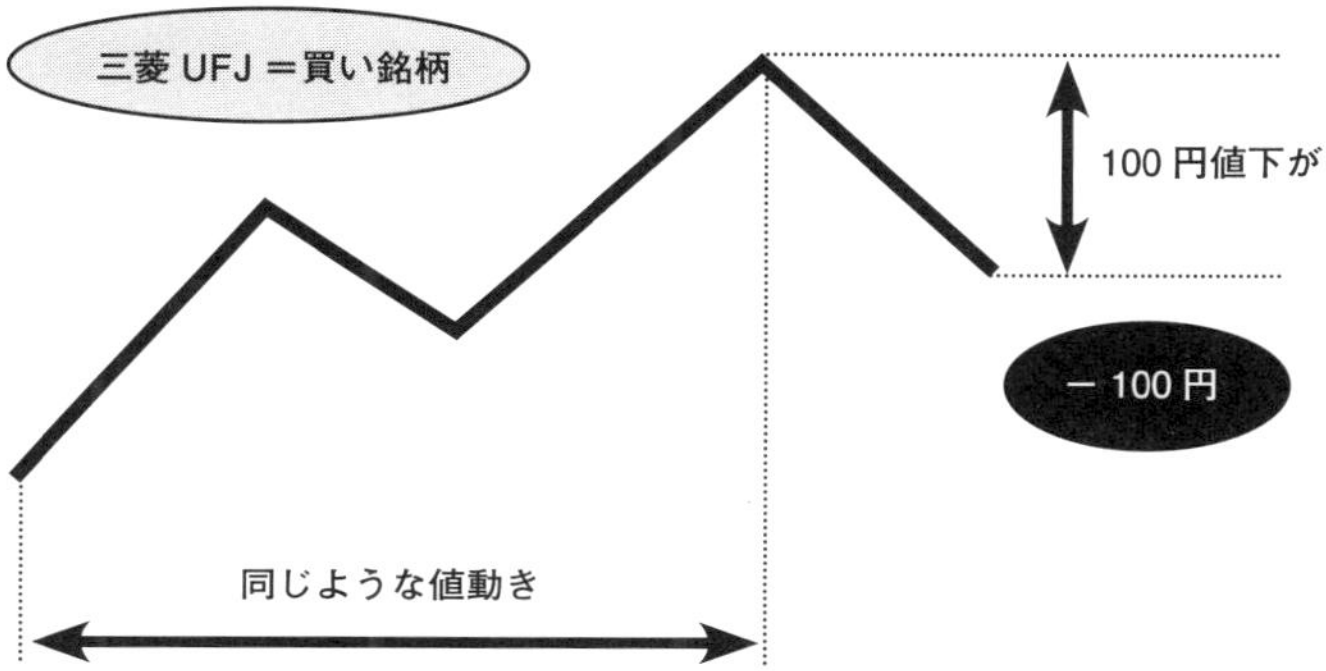

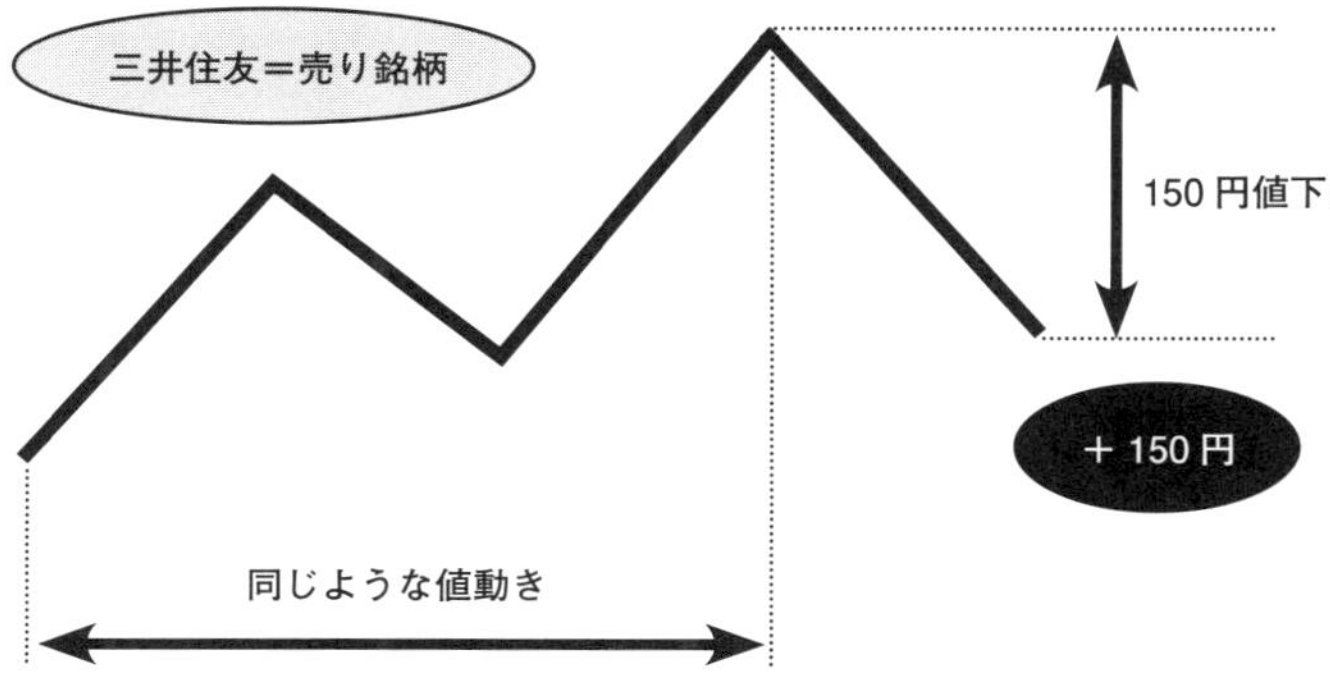

三菱 UFJ も三井住友も業種は同じなので、大きな流れは似てくるが、業績の違いなどから、個別に見たときには「差」が出てくる。例えば、金融業に悪材料が出たとして、三菱 UFJ では 100 円下がりし、三井住友では 150 円値下がりするようなことはある。このとき、買い銘柄である三菱 UFJ では－ 100 円になるが、売り銘柄である三井住友では＋ 150 円になる。トータルでは＋ 50 円になる

5 サヤ取り投資のメリット

サヤ取り投資における代表的なメリットについてまとめました。

◎株式相場の変動が関係ないためリスクが少ない

似た値動きをする2銘柄を両建てすることによって、株式相場の変動を受けないことがサヤ取り投資における一番大きなメリットです。両建てを行うことで株価が上がろうが下がろうが投資の損益には関係ありません。日々の損益の推移は穏やかになりますから、同時にリスクの少ない投資ともいえます。

予期できないテロや地震などの自然災害が発生して株式市場が暴落した場合においても、ペアにした2銘柄の株価は同時に下落することが予想されますから、1日にして大きく損失を出してしまう可能性は低いといえます。株式市場の変動を受けず、リスクが少ないことはサヤ取り投資の大きなメリットといえます。

◎心理的ストレスが少ない

サヤ取り投資＝リスクの少ない投資手法であることは、同時に、投資において多くの方が悩みを抱える心理的なストレスが少ないということも意味します。

仕事中に「日経平均株価暴落」というニュースタイトルが目に入ってきても、特に心配する必要はありません。株価が気になって目の前のことに集中できないこともなくなります。

ストレスのない投資を行うことで冷静に継続した運用を行えます。

◎時間がかからない

サヤ取り投資は、日中パソコンの前に張り付き、モニターを見続けながら投資するタイプの手法ではありません。1日に1回、株価を確認するだけでも十分取引可能です。

例えば、ザラ場の値動きを見る必要はありません。株式市場が引けた15時以降に株価を確認し、焦ることなくゆっくりと落ち着いて相場を考えることができます。寄り付き前に成り行き注文を出しておけば、日中仕事をしている人でも、支障なく、サヤ取り投資を行うことができます。

◎投資のタイミングは関係ない

多くの個人投資家は、銘柄選びは慎重に行いますが、投資するタイミングについては、あまり重要視しません。第1章でお話ししたように、片張り投資の場合には、銘柄選びよりも投資をスタートするタイミングのほうが重要です。例えば、先述したように、リーマンショック前の２００７年に現物株の投資をスタートしていたら、２００８年のリーマンショックを引き金にプロ投資家でも大きな損失になったはずですが、リーマンショック後の底値で投資をスタートしていた場合、初心者でも利益を出すことはできます。

このように、現物取引の片張り投資の場合は、投資をスタートするタイミングによって投資の勝敗がほとんど決まります。しかし、サヤ取り投資であれば両建てすることになるので、投資をスタートするタイミングは関係ありません。

リーマンショック前の高値でサヤ取りをスタートしていたとしても、２銘柄の損益がヘッジされるので安心です。

上記以外にも、サヤ取り投資にはメリットがまだまだ多く存在します。実際にご自身でサヤ取り投資を実践して、そのメリットを感じてください。

6 サヤ取り投資のデメリット

サヤ取り投資にもデメリットは存在します。代表的なデメリットをまとめました。

◎短期的に大儲けはできない

買いと売りの両建てをセットにするサヤ取り投資では、短期的に大儲けすることができません。片張り投資の場合、仕掛けている銘柄が相場の動きと大きくマッチすれば、短期的に大きな利益を手にすることもできますが、サヤ取り投資では、そのようなことはほとんどありません。

サヤ取り投資では、利益は少しずつです。その代わり、損失も少しずつです。日々穏やかに損益が発生します。仮に、1年間で資産を2倍にする運用方針を立てた場合、サヤ取り投資で目標を達成しようとしても、かなり厳しいものになるでしょう。

◎売買手数料が2倍以上かかる

サヤ取り投資は、買いと売りをセットにして仕掛けと決済を行うため、通常の片張り投資に比べて2倍以上の売買手数料が発生します。

単純に2銘柄のセットなので、片張り投資と比較すると、証券会社への発注手数料は倍になります。加えて、空売りを行うため、貸株料と呼ばれるコストも支払わなければなりません。

さらに、空売りのとき、証券金融会社において株の不足が発生した場合には、他から株を調達することになります。このとき、調達料として「逆日歩」と呼ばれる費用が発生する場合もあります。逆日歩は少額であることがほとんどですが、極度に株不足が生じると高額になる場合もありますので、注意が必要です。

投資結果は、投資にかかる売買手数料のコストも含めて、トータル損益で考える必要があります。売買手数料も投資においては重要な要素なのです。

インターネット専門のネット証券の場合ですと、手数料に大差はありませんが、対面営業の総合証券会社でサヤ取り投資を行うと売買手数料負けする可能性が高いので、サヤ取り投資は必ずネット証券で信用口座を開設してから始めてください。

株式については、どこで購入しても同じですので売買手数料の安いところが良いと思いますが、安くてもその証券会社のシステムやツールの使い勝手が悪ければ「売買手数料が安い」というメリットも台無しになります。快適に投資ができる環境かどうかも考慮して、証券会社を選ぶほうがよいと思います。

◎まとまった投資金額が必要

サヤ取り投資は、買いと売りをセットにしてひとつのペアとするため、まとまった運用資金がないとできません。

サヤ取り投資をスタートするには、最低でも１００万円はご用意することをお勧めしております。１００万円の運用資金がご用意できない方は、そもそも株式市場のステージで戦うには早過ぎるでしょう。株式投資では、単元株という「最低の売買単位」が株式によって違うことから、銘柄によって最低必要な投資金額が異なります。５００万円くらいないと投資できないような銘柄も存在します。仮に、そういう銘柄で両建てする場合には、もう片方にも５００万円投資することになるので、合計で１０００万円の投資資金になるのです。

信用取引の場合は3倍のレバレッジを利かせることができるので、実際に１０００万円なくても投資することは可能です。とはいっても、数万円からの少額で気軽にスタートできるものではありません。まとまった運用資金が必要になることを頭に入れておいていただきたいと思います。

◎サヤ取りペアを探せない

個人投資家が自身でサヤ取りペアを探せないことはサヤ取り投資の最大のデメリットであり、かつ、個人投資家がサヤ取り投資を実践できない大きな理由でもあります。

サヤ取り投資の仕組みやメリットを理解している投資家でも約２３００社ある上場株式の中から「2

つの企業の株価の推移がどの程度同じ値動きをしているのか（相関係数、後述）」、そして「現在のサヤの位置は、過去の平均に比べてどの位置にあるのか（標準偏差、後述）」を考慮しながら、数百万通りあるペアの中から最適なペアを見つけることは、なかなかできません。

仮に頑張って発見したとしても、その銘柄の株価は1日後には変動してしまいます。毎日、株価が変動する中で最新の株価データを手動で管理することは現実的ではありません。

これまで、過去にサヤ取り投資で財を成してきた投資家の多くは、自身で2銘柄のサヤグラフを作成してきました。現在でも2銘柄のサヤ場帳とサヤグラフを作り、サヤ取り投資を行っている投資家もいると思います。

昔は手書きが主流でしたが、最近では、パソコンとＩＴ技術の普及によって、サヤ取り投資に最適なペアを検索できるツールも存在しています。現在は、こうしたパソコンの「サヤ取り投資ペア検索ツール」を使ってサヤ取り投資をされている方がほとんどになっています。逆に言うと、何らかのツールを使わなければサヤ取り投資はできないと言っても過言ではありません。

宣伝になるようで恐縮ですが、私は現在、自社開発した『サヤトレ』というサヤ取り投資ペア検索ツールを使いながら、日々、サヤ取り投資ペアを探し、サヤ取り投資を行っております。無料で使えるサヤ取り投資ペア検索ツールですので、サヤ取り投資を始めるときにぜひ使っていただければと思います。

◎サヤ取り投資ペア検索ツール『サヤトレ』　https://investars.jp/

なお、本書では、「サヤトレ」で使用しているサヤチャートを使い、この先、サヤ取り投資について解説していきます。

以上がサヤ取り投資における代表的なデメリットです。

まとまった運用資金が必要なことや、信用口座を開設する必要があることなど、気軽にスタートできないのがサヤ取り投資です。

ただ、メリットとデメリットについては、例えば「リスクが少ない（メリット）＝大儲けできない（デメリット）」などのように、表裏一体であることが多く見られます。投資家の運用方針によって何がメリットになって、何がデメリットになるかが変わってきますので、理論だけでなく、実践しながら、総合的に考えていただきたいと思います。

重要コラム：本書で使用しているサヤチャートの見方について

本書で使用しているサヤチャートについて。その見方を説明します。

①ペア銘柄

ここはペアになっている銘柄を表示しています。サヤチャートには明記していませんが、**ひとつ、大事な約束事があります。それは、左側の銘柄が「軸銘柄」であり、右側の銘柄が「脇銘柄」であるということです。**次ページのチャートで言うと、左側にあるファーストリテイリングが軸銘柄であり、右側にあるトヨタ自動車が脇銘柄になります。

ここで覚えておいてほしいのは、あくまでも「主《しゅ》」は軸銘柄であるということです。

例えば、次ページのサヤチャートは、ファーストリテイリングを軸としたもの（注目したもの）になります。ですから、サヤが下方向に行くのだと思えば、軸であるファーストリテイリングを売り、脇であるトヨタ自動車を買うことになります。反対に、サヤが上方向に行くのだと思えば、軸であるファーストリテイリングを買い、脇であるトヨタ自動車を売ることになります。

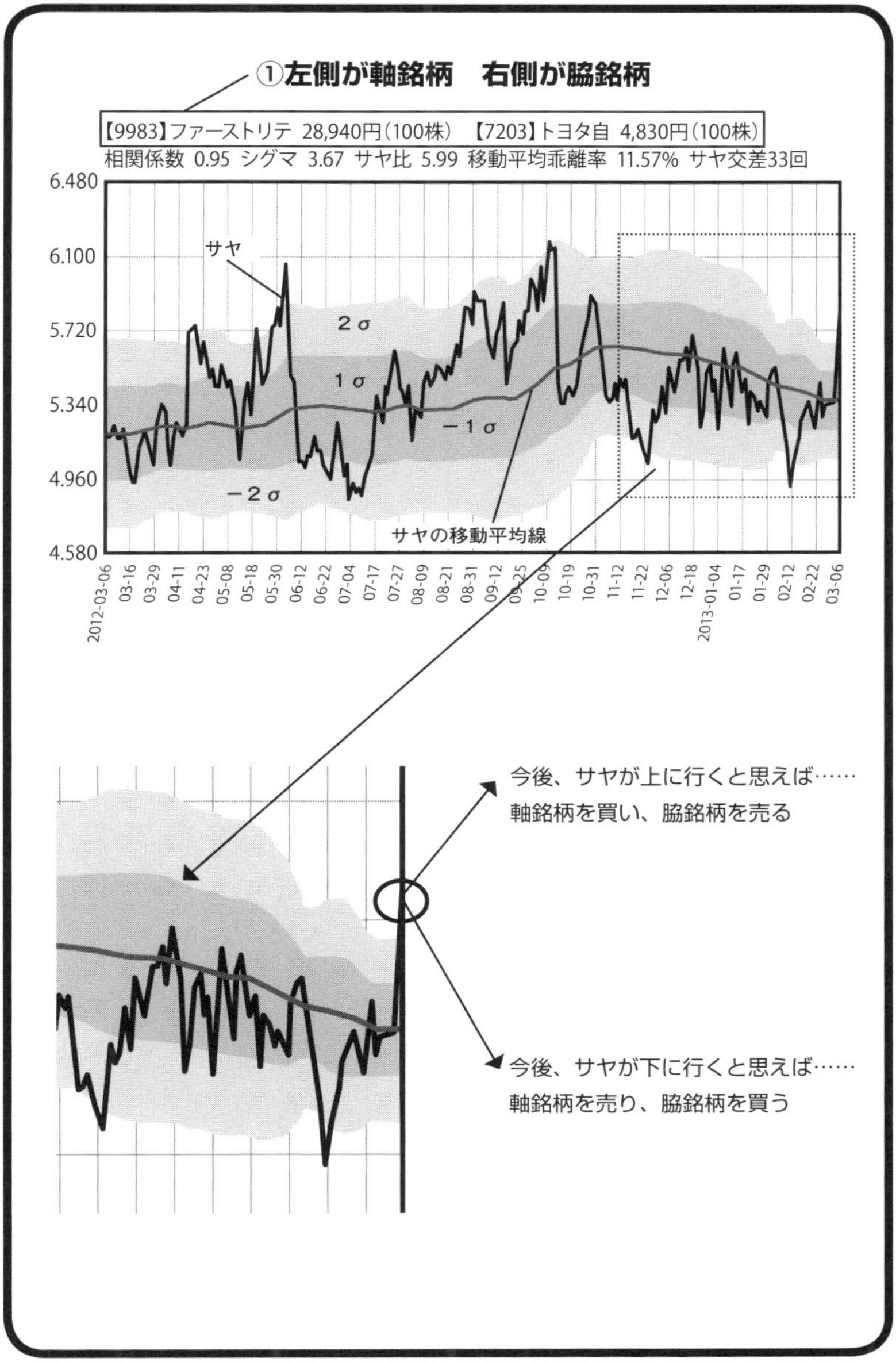
①左側が軸銘柄　右側が脇銘柄
【9983】ファーストリテ 28,940円（100株）　【7203】トヨタ自 4,830円（100株）
相関係数 0.95 シグマ 3.67 サヤ比 5.99 移動平均乖離率 11.57% サヤ交差33回
6.480
6.100
5.720
5.340
4.960
4.580
サヤ
2σ
1σ
−1σ
−2σ
サヤの移動平均線
2012-03-06
03-16
03-29
04-11
04-23
05-08
05-18
05-30
06-12
06-22
07-04
07-17
07-27
08-09
08-21
08-31
09-12
09-25
10-09
10-19
10-31
11-12
11-22
12-06
12-18
2013-01-04
01-17
01-29
02-12
02-22
03-06
今後、サヤが上に行くと思えば……
軸銘柄を買い、脇銘柄を売る
今後、サヤが下に行くと思えば……
軸銘柄を売り、脇銘柄を買う

②サヤ比

ここはサヤ比を示しています。サヤ比は「軸銘柄÷脇銘柄」で求めることができます。

③相関係数

サヤチャートを形成している２ペアの相関係数がいくらかを示しています。今回の例では、ファーストリテイリングとトヨタ自動車の相関係数は０・９５であることがわかります。

④サヤ情報

現在のサヤ情報を示しています（次ページのＡ）。詳しくは以下のとおりです。

◎シグマ：現在（Ａ）のシグマの値を示したもの
◎サヤ比：現在（Ａ）のサヤ比を示したもの
◎移動平均乖離率：サヤがサヤ移動平均線からどれだけ離れているかを示した指標
◎サヤ交差：サヤとサヤ移動平均線が何回交差したかを示した数値

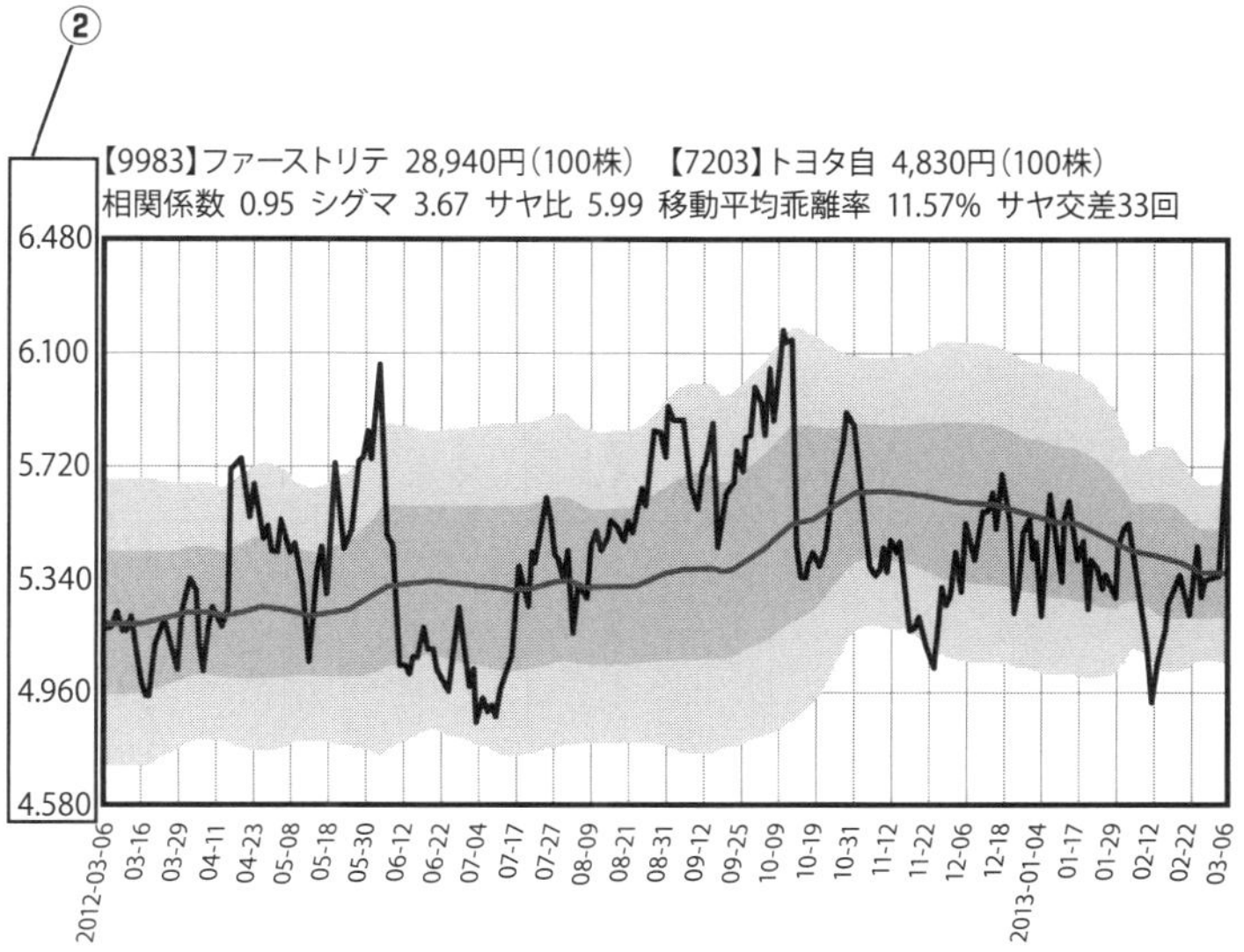
②
【9983】ファーストリテ 28,940円（100株） 【7203】トヨタ自 4,830円（100株）
相関係数 0.95 シグマ 3.67 サヤ比 5.99 移動平均乖離率 11.57% サヤ交差33回
6.480
6.100
5.720
5.340
4.960
4.580
2012-03-06
03-16
03-29
04-11
04-23
05-08
05-18
05-30
06-12
06-22
07-04
07-17
07-27
08-09
08-21
08-31
09-12
09-25
10-09
10-19
10-31
11-12
11-22
12-06
12-18
2013-01-04
01-17
01-29
02-12
02-22
03-06

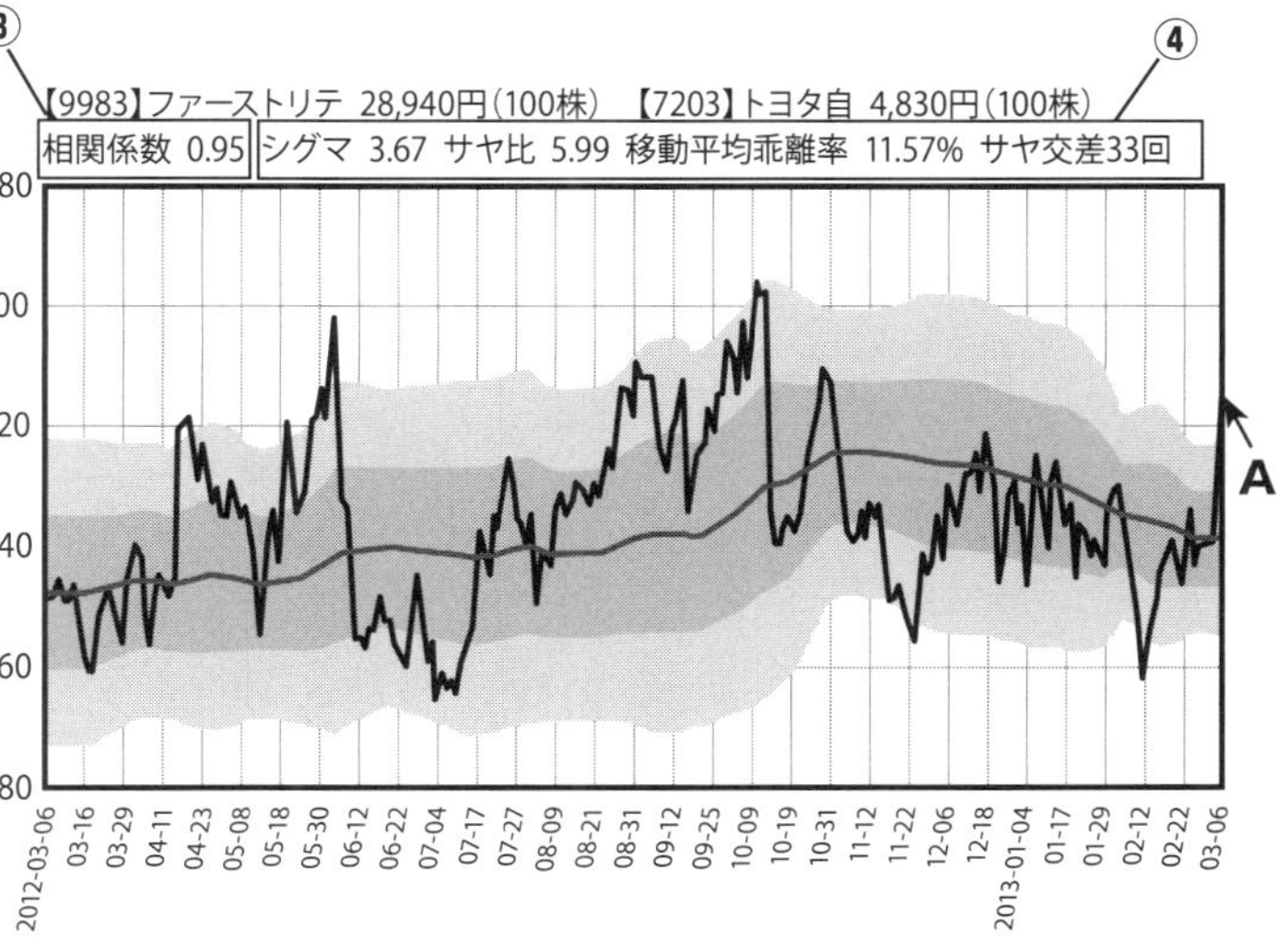
③
④
【9983】ファーストリテ 28,940円（100株） 【7203】トヨタ自 4,830円（100株）
相関係数 0.95
シグマ 3.67 サヤ比 5.99 移動平均乖離率 11.57% サヤ交差33回
6.480
6.100
5.720
5.340
4.960
4.580
A
2012-03-06
03-16
03-29
04-11
04-23
05-08
05-18
05-30
06-12
06-22
07-04
07-17
07-27
08-09
08-21
08-31
09-12
09-25
10-09
10-19
10-31
11-12
11-22
12-06
12-18
2013-01-04
01-17
01-29
02-12
02-22
03-06

7 サヤ取り投資に必要な2つの統計

サヤ取り投資を実践するにあたっては、2つの統計が必要になります。その統計とは、以下のものです。

◎相関係数
◎標準偏差

相関係数からは「両建てする2つの企業の株価の推移が、どの程度同じ値動きをしているのか」がわかります。標準偏差からは「現在のサヤの位置は、過去の平均に比べてどの位置にあるのか」がわかります。

相関係数と標準偏差は、サヤ取り投資にとって欠かせない指標です。節をあらためて詳しく解説していきます。

8 相関係数について

サヤ取り投資では**2銘柄の株価が同じ値動きをしているペアを選ぶ**必要があります。株価の値動きが似ている組み合わせを選ぶことによって「買い」と「売り」の損益が相殺され、相場変動に左右されない運用ができるようになるからです。この2銘柄の連動性を、統計学の視点から表した指標が「相関係数」です。2銘柄の株価の値動きの類似性を表す数値です。

相関係数の数値は「マイナス1～プラス1」の範囲で表されます（115ページ参照）。相関係数がプラス1に近いほど2銘柄が類似した値動きとなります。

サヤ取り投資では、同じ値動きをしている2銘柄を選ぶ必要があるため、相関係数0・8以上のペアを探すようにしてください。

相関性の高いペア（相関係数がプラス1に近いペア）の例として、日本を代表する大手銀行2社（三菱ＵＦＪと三井住友）を挙げておきます（次ページ参照）。

どちらかに特別なニュースがない限り、この2社の株価の値動きが似ているのは当然です。この2銘柄は、相関係数0・9以上（年間ベース）をキープしていることがほとんどだからです。

相関係数の算出方法は複雑ですが、エクセルの「CORREL」という関数を使うことで簡単に計算できます。

しかし、金融市場においては、相関係数が高く、過去に同じ値動きをしているとはいっても、この先の未来も同じ値動きをする保証はありません。過去のデータはあくまでも過去はそうであったというだけであって、今後も2銘柄の株価が継続して連動し続けるかはわかりません。

したがって、「三菱ＵＦＪ」と「三井住友」のような同業種の企業であっても、くれぐれも違う会社であることについては忘れないように注意してほしいと思います。

さらに、相関係数が高いからといってサヤ取り投資の勝率が高いわけでも、利益が出やすいわけでもありませんのでご注意ください。

サヤ取り投資の戦略については第3章や第4章で詳しく解説しますので、ここでは**「相関係数の高いペアを選ぶ」**ということだけ覚えてください

◎相関係数

■＋１の場合：正相関＝同じ値動きを表す
■０の場合：相関なし＝値動きに類似性はない
■－１の場合：逆相関＝正反対の値動きを表す

【株価比較チャート】

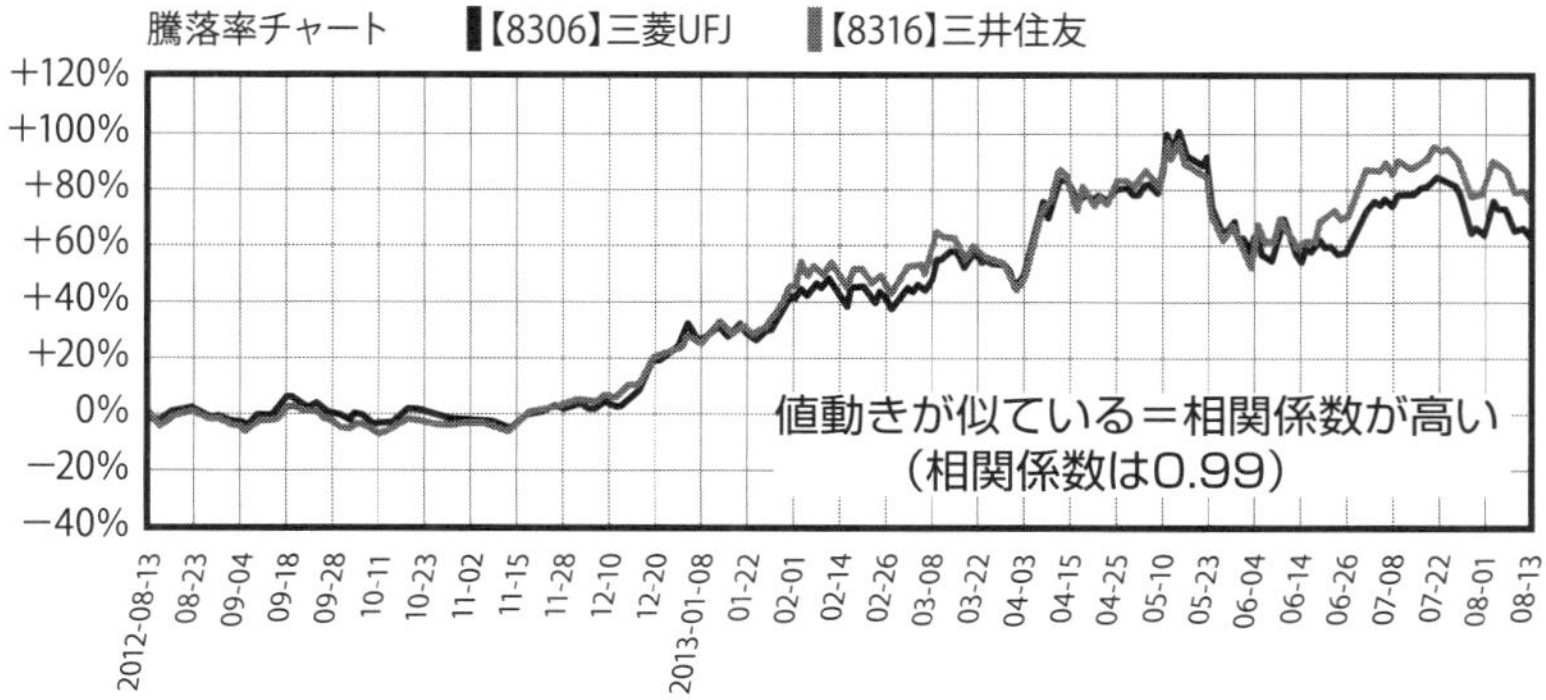

9 標準偏差「シグマ＝σ」について

サヤ取り投資において重要な、もうひとつの統計値が「標準偏差」です。標準偏差とは、データのバラツキを表す数値です。一般的にシグマと呼ばれ、バラツキが集まる確率を記号で「σ」と表示します。この標準偏差もエクセルの「STDEVP」という関数を使うことで計算できます。

サヤ取り投資を行うときに確認する2銘柄のサヤチャートにおいて、標準偏差はボリンジャーバンドとして表示されます。ボリンジャーバンド（標準偏差）を使うことによって現在の2銘柄のサヤが平常時のサヤの位置と比べて、「現在、どの位置にあるのか」を確認できます。

標準偏差を図で表すと、次ページの上のような正規分布表と呼ばれるものになります。これは、バラついていた全データがこの±1σの範囲内に収まる確率は約68・3％であること、および±2σの範

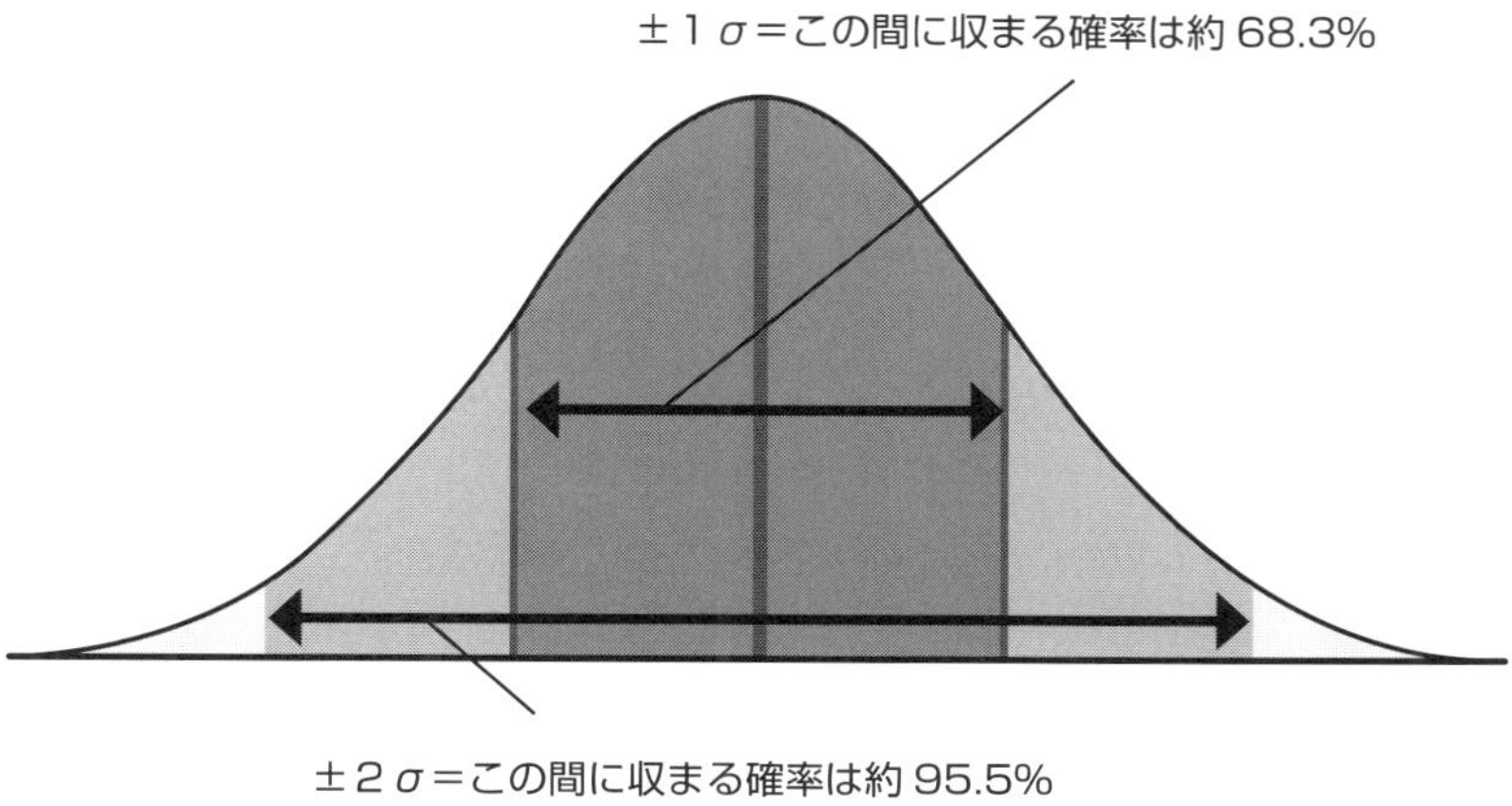

【サヤチャート（三菱 UFJ と三井住友）】

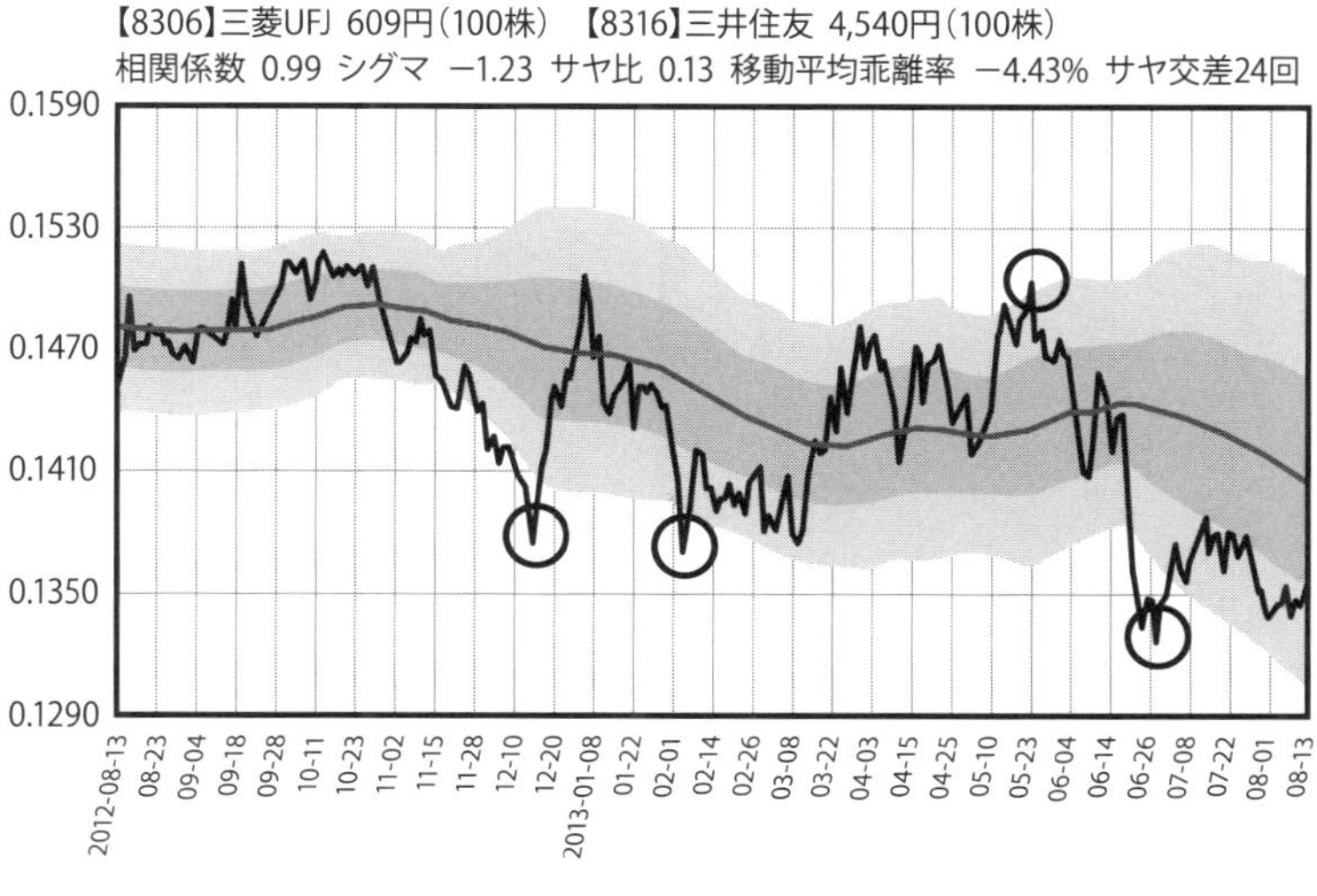

相関性の高いペアにも±２σを超えるような価格差（丸印）は生じる

囲内に収まる確率は約95・5%であることを示しています。

大事なことは、**±2σの範囲内に収まらない＝確率的に見て異常値である**ということです。相関性の高い2銘柄のサヤは、正規分布する可能性が高いという統計が存在します。その一方で、過去一定のレンジで推移していたサヤが一時的に大きく離れ、ボリンジャーバンドの±2σをブレイクしていることもあります（前ページの下のチャート参照）。±2σを超えているということは、統計上は4・5%の異常値です。

ここで覚えていただきたいのは、**サヤには、異常値である±2σを起点にして〝戻ろうとする動き〟や〝より離れようとする動き〟など、いくつかの法則性が存在する**ということです。こうした法則性を活かし、サヤの位置をボリンジャーバンドで確認し、実際にサヤ取り投資を行います。ボリンジャーバンドの±2σは注目すべきポイントであることを忘れないようにしてください。

なお、サヤ取り投資において間違いやすい点は、「68・3%」や「95・5%」というパーセンテージの捉え方です。この数字は、サヤがボリンジャーバンドの±1σや±2σ内に収まる確率を示したものであって、サヤ取り投資の利益になる確率を示したものではありません。

翌日の株価の変動によってボリンジャーバンドの形も日々変形します。したがって、±1σや±2σ

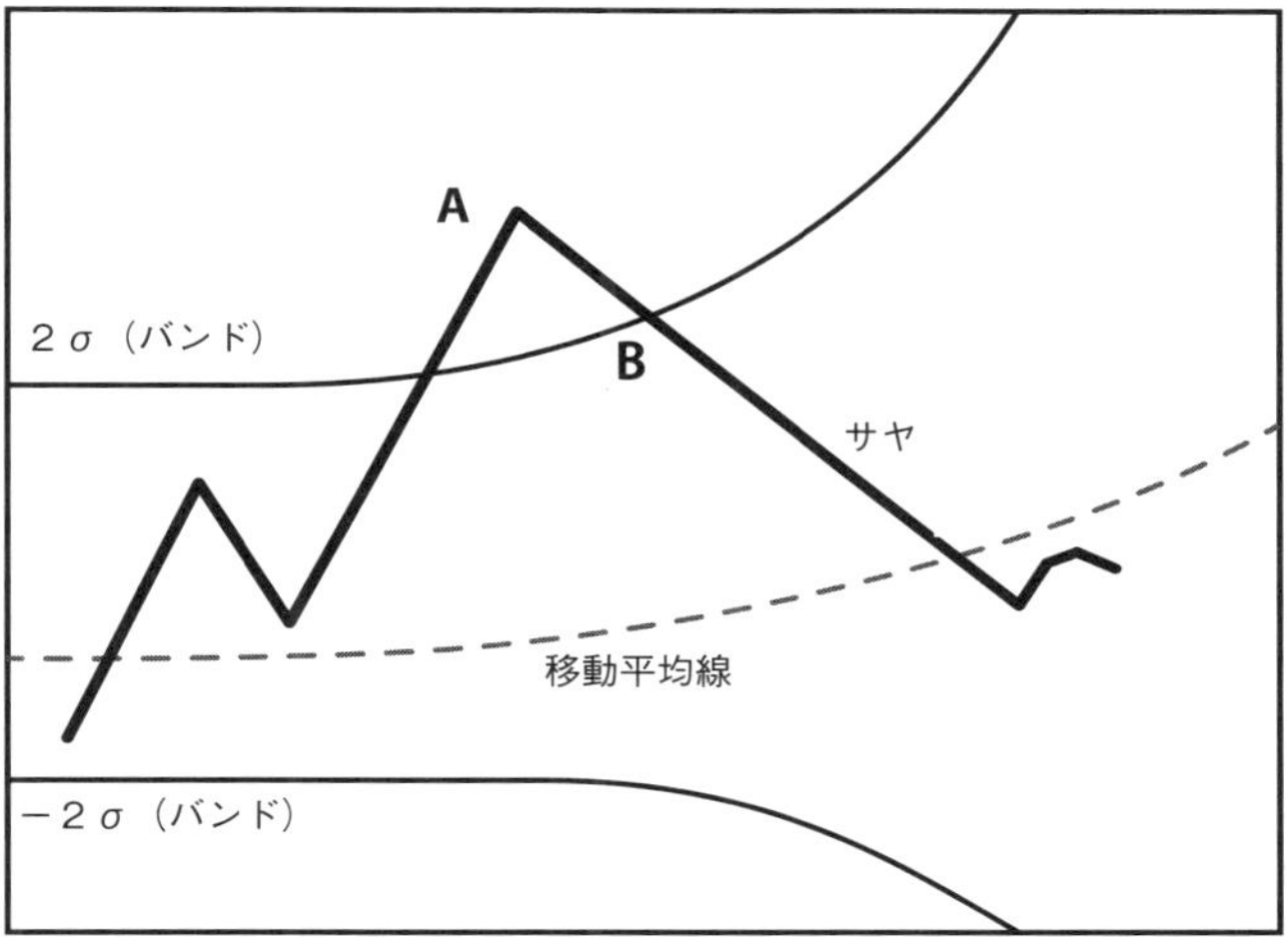

Ａで移動平均線に戻る方向に仕掛けたところ、サヤがバンド内に戻った（Ｂ）。ＢはＡよりも低い位置にあるので、このパターンなら利益になる

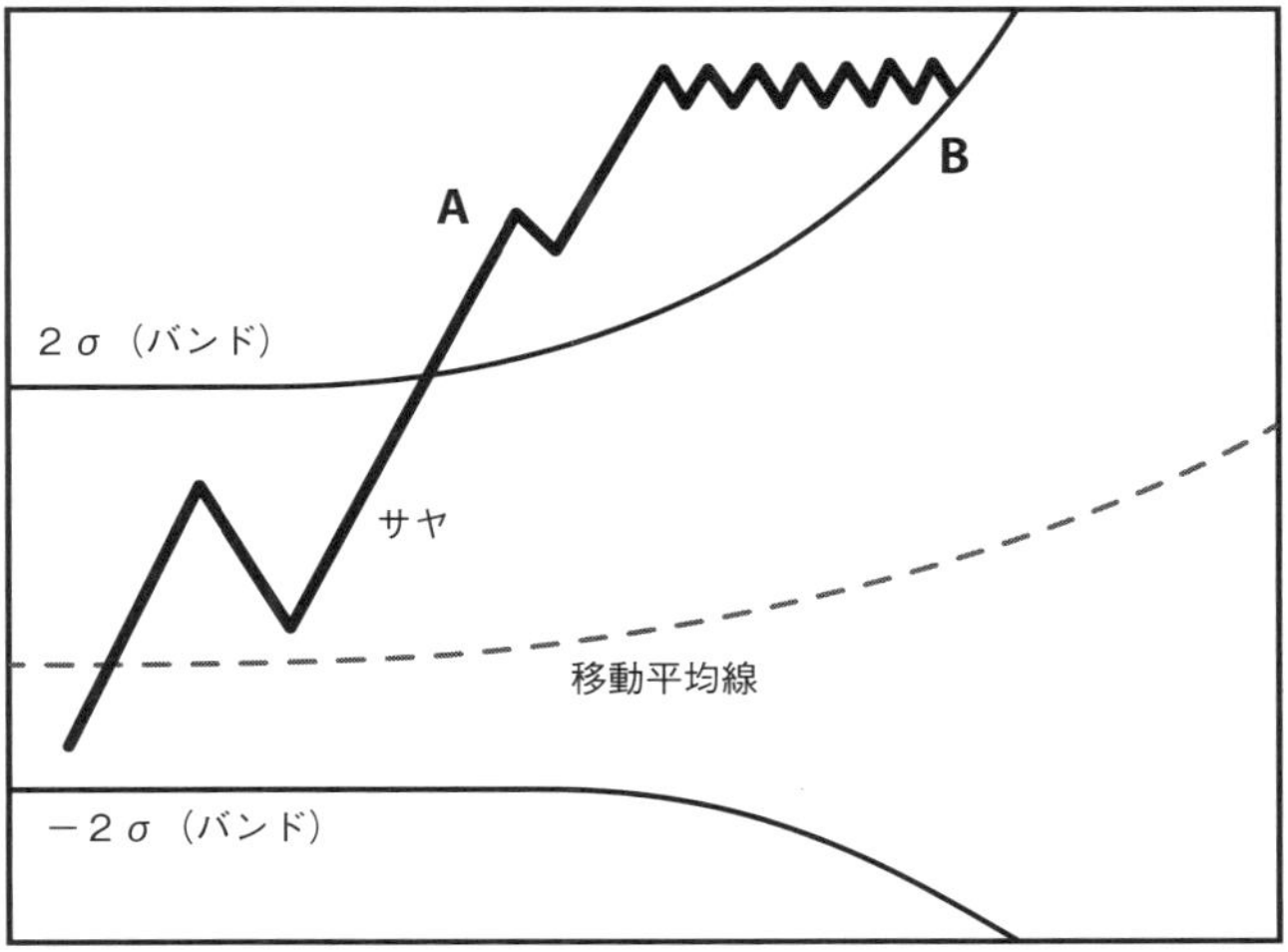

Ａで移動平均線に戻る方向に仕掛けたところ、サヤがバンド内に戻った（Ｂ）が、ＢはＡよりも高い位置にあるので、このパターンでは損失になる

をブレイクした後にサヤがバンド内に戻ったとしても、必ずしも利益にはなっていないこともあり得ます（前ページの図参照）。

ボリンジャーバンドのシグマの値ではなく、仕掛けを行った時点からの2銘柄のサヤの推移が損益にとっては重要です。この点には注意してください。

10 株数調整について

サヤ取り投資は、「買い」と「売り」を同時に保有する両建て売買とお伝えしました。両建てするときに注意することが「株数調整」です。ここでも、日本を代表する銀行業の2社を例にして解説します。

【8306】三菱ＵＦＪ　株価673円
【8316】三井住友　株価5267円

両建てにするために、同じ銀行業を営む2社のどちらかの株式を買い、もう一方の株式を空売りします。このときに、株数を調整して、投資する金額を一緒にします。実際のサヤ取り投資の例としてはこのようなイメージです。

買い銘柄：三菱ＵＦＪ　株価６７３円×８００株＝投資金額は５３万８４００円
売り銘柄：三井住友　株価５２６７円×１００株＝投資金額は５２万円６７００円

企業によって株価や取引の単位が異なります。よく間違われる例として、**どちらも同じ株式数で投資するケースが見られますが、合わせるのは株式数ではありません。２銘柄の投資金額です。**株数を調整して２銘柄の投資金額をできるだけ同額になるようにします。

この場合ですと、三菱ＵＦＪ株を８００株にすることで、２銘柄の投資金額がほぼ同額になります。

サヤ取り投資を行う場合、２銘柄の投資金額をまったく同じにすることは難しく、どうしても多少の誤差が発生します。±５％以内の投資金額の誤差は仕方がないとお考えください。

なお、通常の証券口座ではなくＣＦＤという取引形態を使えば、個別株式を単元株なしに１株単位から投資することも可能です。その場合は２銘柄の投資金額をほぼ同額にできます。

11 アウトパフォーム&アンダーパフォーム

本節では、少し視点を変えた話を紹介します。それは、「アウトパフォーム」「アンダーパフォーム」という考え方です。

「アウトパフォーム」と「アンダーパフォーム」の考え方を知らなければ、一生間違った投資を行い続けてしまうと言っても過言ではありません。

投資のプロたちは全員、この考え方を基本にして株式投資の銘柄選びを行っております。「アウトパフォーム」と「アンダーパフォーム」の考え方も、サヤ取り投資と同様、株式相場全体の騰落の上下は関係ありません。

例えば、ある日、個人投資家仲間のお友達に次のようなことを言われたとしましょう。

「これから先、トヨタ株が上がる」

1カ月後、実際にトヨタ株が10%上昇した場合、そのお友達はきっと次のように言うことでしょう。

「それ見ろ！　トヨタ株に投資して正解だった！」

現実でもよくある光景ですが、これだけでトヨタ株への投資が正解だと判断してはいけません。
なぜならば、トヨタ株が10%上昇した事実は確かですが、その他の株はどのように推移したのか比較する必要があるからです。1銘柄ずつ比較はできないので株式相場全体の動きをまとめた日経平均株価と比較するのが一般的です。
トヨタ株が10%上昇した同じ1カ月の期間で日経平均株価との騰落を比較し、仮に日経平均株価は20%上昇していたとしましょう。
トヨタ株を買って10%の利益が手に入ったのは事実です。しかし、日経平均株価の上昇率が20%

ですのでトヨタ株以外の銘柄は、もっと大きく上昇していたことを意味します。

全体の平均上昇率が20％の中でトヨタ株は10％しか上昇していない場合、個別銘柄の選定としてトヨタ株選びは失敗だったと考える。これが投資における正しい考え方です。この場合、トヨタ株は日経平均株価に対してアンダーパフォームと呼びます。もしトヨタ株が日経平均株価の上昇率20％を上回る30％の上昇率であった場合はアウトパフォームと呼びます。


株価上昇を例に解説しましたが、この考え方においては、株式市場全体の上下は関係ありません。例えば、日経平均株価が10％下落した中でトヨタ株が5％の下落にとどまった場合、同じく下落してありますが、トヨタ株は日経平均株価に対してアウトパフォームです。

このように、株式市場全体の騰落とは関係なく、比較する2つの対象の価格推移において、どちらの騰落率のパフォーマンスが勝ったかで判断するのが「アウトパフォーム」「アンダーパフォーム」の考え方です。

◎アウトパフォームの例（※あくまでも例）

日経平均株価が1％高のとき・トヨタ株が2％高　↓　トヨタ株は日経平均株価に対してアウトパフォーム

TOPIXが3％安のとき・ホンダ株が1％安　↓　ホンダ株はTOPIXに対してアウトパフォーム

◎**アンダーパフォームの例（※あくまでも例）**

日経平均株価が30%高のとき・日立株が25%高　↓　日立株は日経平均株価に対してアンダーパフォーム

TOPIXが10%安のとき・東芝株が20%安　↓　東芝株はTOPIXに対してアンダーパフォーム

「アウトパフォーム」と「アンダーパフォーム」の考え方と、両建て売買の原理を正しく理解すれば、日経平均株価に対してアウトパフォームする銘柄、もしくはアンダーパフォームする銘柄の選定ができるだけで投資で利益を出すことができます。

今後、株式相場全体が上るか下がるかについてはわかりませんが、日経平均株価以上に上がる銘柄を探すことができれば

■個別銘柄を買い

■日経平均株価を売り

というような両建てで利益を狙うことが可能です。

反対にどう考えても株価の上昇は期待できないと考えられる銘柄があった場合には、

■日経平均株価を買い
■個別銘柄を売り

というような両建てでも利益を狙うことが可能です。

株式相場全体の上下は関係ありません。２銘柄の騰落、つまりサヤの推移のみが損益に関係します。相場の上下を予想する必要は一切ないのです。何かひとつの銘柄において日経平均株価を上回るか下回るかのどちらかを当てることさえできれば、両建て保有することによって投資で利益は狙えます。

私は、「日経平均株価が今後上昇するか、下落するか」の予想は一切行いません。予想したところで相場の上下を当てる自信もありません。しかし、予想できなくても、投資で利益を出すことはできます。

相場の上下変動がわからない私が投資で生活できているわけは、ある銘柄を、日経平均株価やほかの個別株と比較したときに、「騰落率のパフォーマンスが上回るか、あるいは下回るかだけに焦点を当てて投資している」からです。

相場の上下を当てるよりも簡単な気がしませんか？

第3章

サヤ取り投資の実践

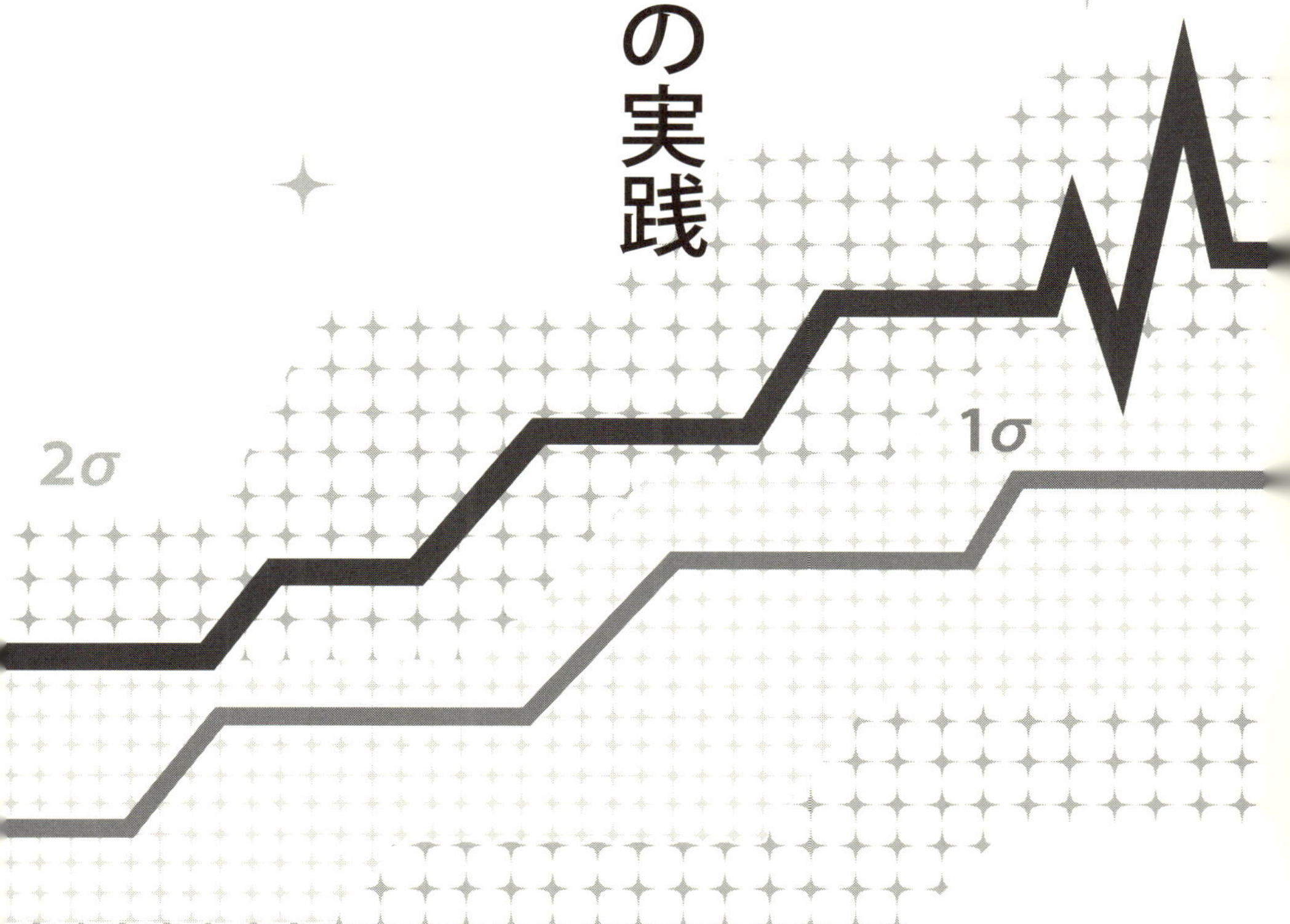

1

サヤ取り投資には2つのやり方がある

第3章では、サヤ取り投資の仕掛けから決済までの実践的な内容について、書かせていただきます。すでにサヤ取り投資を実践中の方にお役立ていただきたい内容です。

サヤ取り投資は、株式相場の上下を予想する必要が一切ないことをお伝えさせていただきました。

◎日経平均株価が上がる?　下がる?
◎トヨタの株価が上がる?　下がる?

このような相場予想は一切しなくても投資で利益を出すことは可能です。

実際に、サヤ取り投資を行っている私自身、日経平均株価の推移にはまったく興味がありません。毎日、株式投資を行っているにもかかわらず、現在の日経平均株価が何円であるのか、把握していないこともあるくらいです。株式相場の上下については意識せず、1日1回だけ、保有しているペアのサヤがどうなったか確認するだけの作業を、日々、繰り返しています。

サヤ取り投資で重要なことは2銘柄のサヤの推移です。そして、このサヤの推移には、いくつかの特徴的な法則性が存在します。

サヤの推移の法則性は、以下のように、大きく2パターンに分かれます。

◎平均回帰
◎平均乖離《かいり》

この2つの法則性に合わせて、2銘柄をセットのペアにしてポジションを作ります。サヤの推移の法則性を理解し、利用することによって、株式市場に大きな変動があったとしても、安定した利益を狙うことができます。

これから、この2つの法則性について解説していきます。「平均回帰」と「平均乖離」を利用することで、予測不可能な株式市場において、安定した利益を狙ってください。

2 平均回帰狙いについて

(1) 平均回帰とは

2パターンあるサヤの法則性のひとつ目、「平均回帰」を狙ったサヤ取り投資について解説します。

平均回帰狙いは、サヤ取り投資において一番スタンダードな手法です。「回帰」とは、戻ってくるという意味で、過去のサヤの平均値から離れ過ぎたサヤが、平均値に戻ってくる方向に仕掛けを行います。

2銘柄の離れ過ぎたサヤが元の平均値に戻ってくる理由として、株式市場における「効率的市場仮説」が考えられます。

効率的市場仮説とは、「常に正しい株価（値段）で取引が行われている」という原理を指す考え方です。

株式投資では株価が「割安」や「割高」という表現が出てきますが、効率的市場仮説の極論では、この割安や割高という概念は存在しません。企業ニュースなどの新しい材料も一瞬にして株価に反映されてしまうからです。株価には常に正しい価格がついており、株価にミスプライスは一切ないという考えです。

株式市場における効率的市場仮説について、私は、長期的な時間軸で考えた場合は賛成しています。ただ、短期的には、割安や割高のようなミスプライスは発生すると考えております。そして、そのミスプライスを個人投資家が翌日に拾うことも十分可能であるとも考えています。

株式市場ではヘッジファンドのようなプロ投資家もいれば、株式投資デビューしたばかりの投資初心者、理論や適正価格を無視して動く銘柄に投資するデイトレーダーも存在しています。さまざまなレベルで市場に入ってくる人たちがいる以上、常に正しい企業価値の株価を反映させ続けるのは難しいのが現実です。

東証に上場している株式の中には、デイトレーダーたちのおもちゃにされてマネーゲームのように動く銘柄も存在します。特にニュースや材料がなくても、今日はストップ高、翌日にはストップ安のような、荒い値動きをする銘柄はあるのです。明らかに適正価格ではないデタラメな株価です。

しかし、そのデタラメな株価もいずれ時間の経過とともに適正な価格に落ち着きます。この2銘柄間のミスプライス（デタラメな株価と適正価格の差）の幅を取るのが「平均回帰」を狙ったサヤ取り投資の仕組みです。

わかりやすい例でお話しします。同じ地域にA店とB店という電機店があるとします。仮にA店が、メーカーも機能もまったく同じパソコンを、B店よりも1万円安く販売しているとします。B店から見れば、不利な立場に立たされていることになりますから、すぐに1万円値下げすることでしょう。そうなると、最初に開いていた「1万円」の価格差は一時的なものとなります。要するに、時間の経過とともに、2店舗の商品価格はいずれ同じ価格に落ち着く、というわけです。

株式の場合は、パソコンとは違い、まったく同じ物ではありませんが、同じ原理で、いずれ2つの株価が適正な値段に落ち着くことは経済的合理性から考えても当然と言えます。

（2）平均回帰は行き過ぎたものを狙う手法

平均回帰を狙ったサヤ取り投資では、過去1年間の間に似た値動きをしている相関性の高い2銘柄を選び、その価格差が過去の平均値よりも大きく離れたタイミングで仕掛けを行います。

平均回帰を狙った2銘柄の仕掛けは、次のようなイメージです。

◎割安な銘柄を「買い」
◎割高な銘柄を「売り（空売り）」

2銘柄の株価推移において大きなサヤが発生するということは、どちらかの銘柄が割高、もしくは割安になっていることを意味します。簡単に言えば、「異常値」です。この異常の状態（行き過ぎ）から普通の状態（平均）に戻ってくるところを狙います。

平均回帰狙いの仕掛けを行った後は、買っている割安な銘柄が上昇してもいいですし、売っている割高な銘柄が下落しても構いません。相関の高い2銘柄のサヤが大きく離れた位置から回帰した部分が利益になります。

3 平均回帰狙いの行動手順

平均回帰狙いでは次の２つのステップ（行動）が必要です。

ステップ１：１年間で周期的なサヤの往来が多くあるペアを選ぶ
ステップ２：ボリンジャーバンドで仕掛けのタイミングを計る

それぞれ詳しく解説していきます。

◆ステップ1：ペア選び

平均回帰狙いのペア選びのポイントは、ズバリひとつだけです。

1年間で周期的なサヤの往来が多くあるペア

言葉では伝わりにくいので、サヤチャートで確認してみましょう。次ページの上段を見てください。これは、ある銀行株ＥＴＦのサヤチャートです。

見るとわかるように、サヤチャートが1年間で何度も周期的に往来しています。このサヤチャートは、同じ銀行株のサヤチャートなので究極的な理想の形になっていますが、違う業種の企業2銘柄の場合ですと、もう少し不規則な形になります（次ページの下段参照）。

平均回帰を狙ったサヤ取り投資では、1年間でサヤが周期的に開いてもまた元のサヤに戻り、かつ、

【1631】銀行・17 9,350円（1株） 【1615】銀行 157円（100株）
相関係数 1.00 シグマ 0.55 サヤ比 59.55 移動平均乖離率 0.34% サヤ交差109回

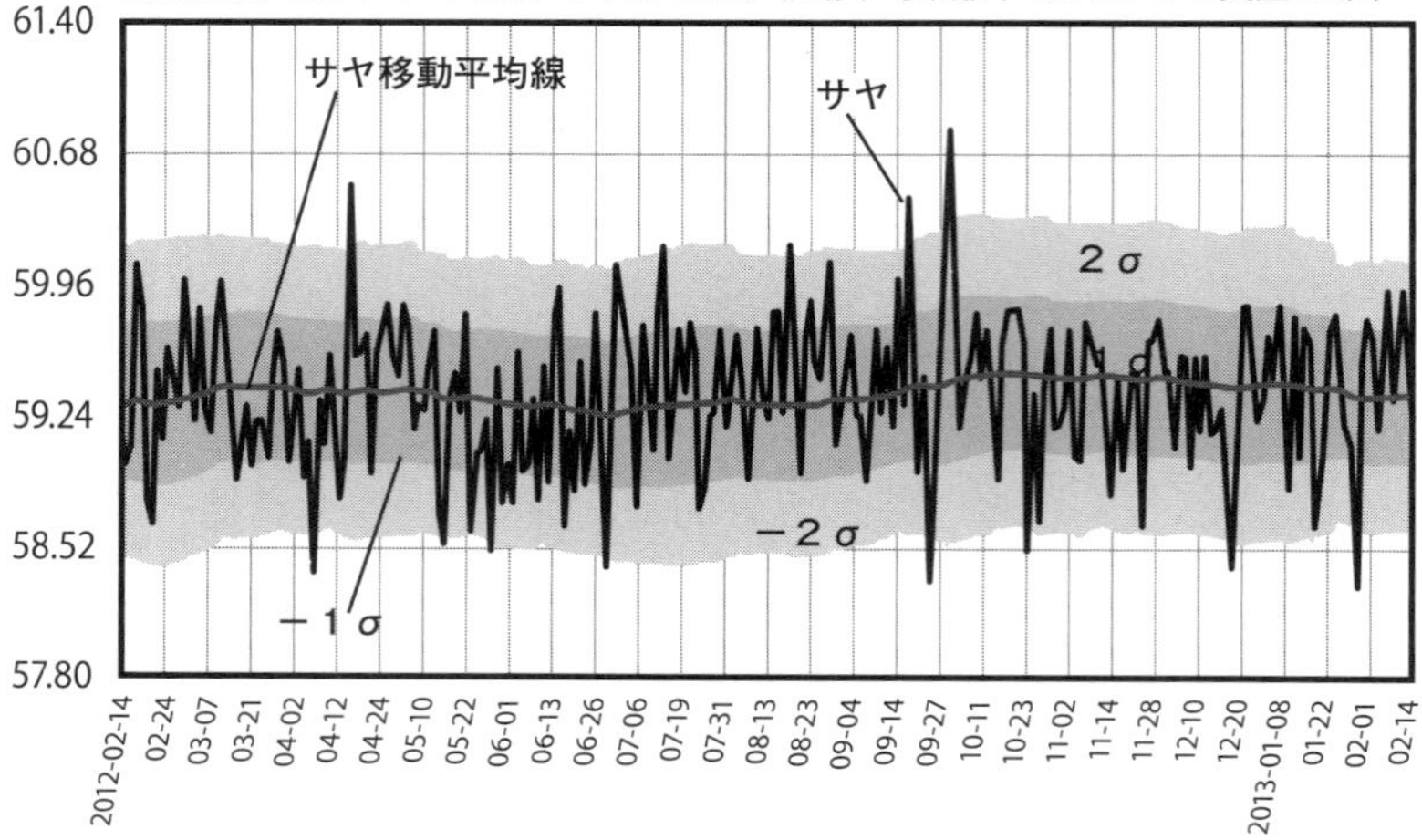

平均回帰ペア狙いの理想的なサヤチャート例

【1925】大和ハウス 1,954円（1000株） 【6988】日東電 6,620円（100株）
相関係数 0.98 シグマ −1.62 サヤ比 0.30 移動平均乖離率 −7.98% サヤ交差28回

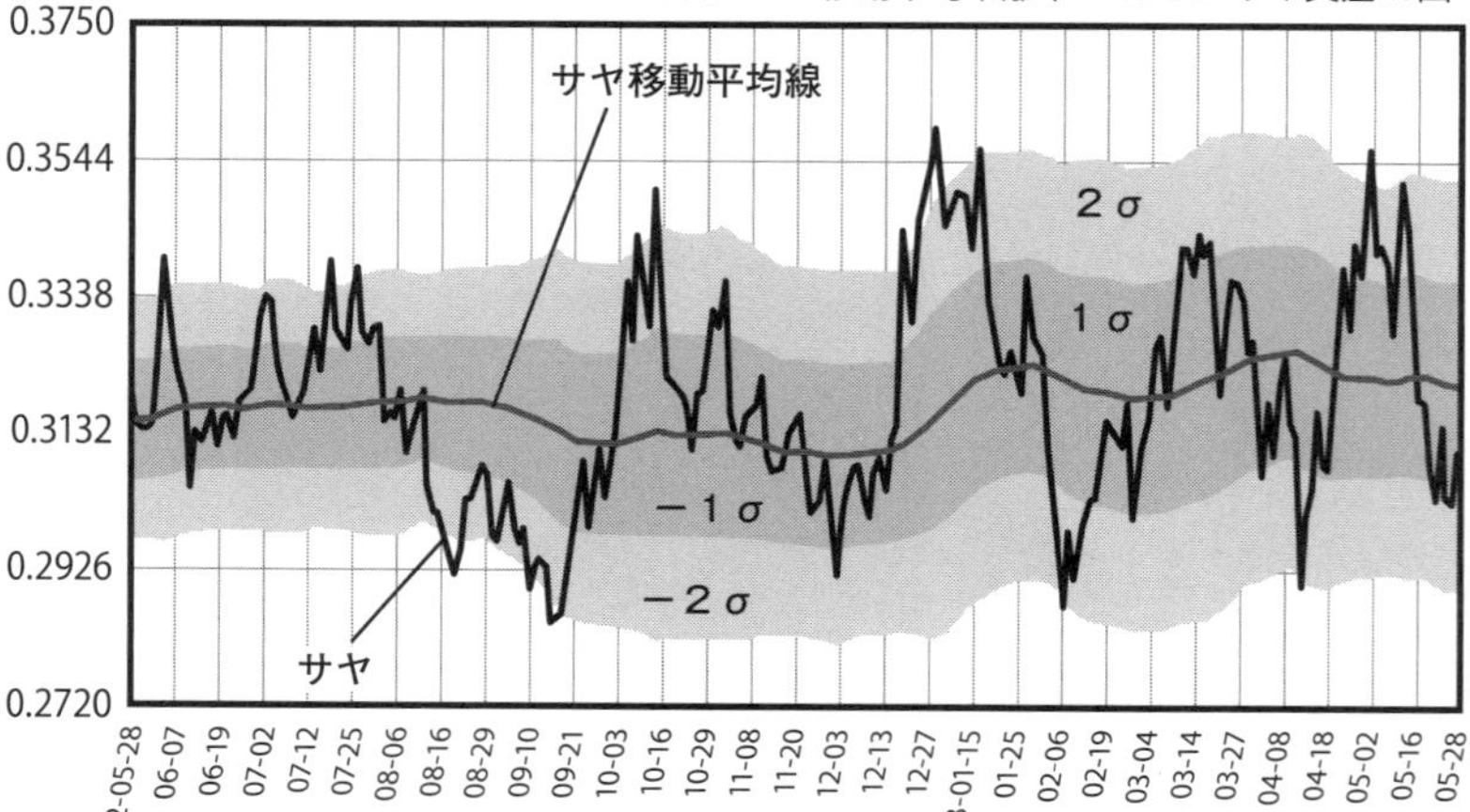

年間通して、サヤが周期的に往来しているペアは平均回帰に適している

2銘柄のサヤが一定のレンジ内で推移しているペアを探します。これが最初のステップです。ペアについては、同業種でもいいですし、異業種のペアでもかまいません。ここで重要なのは「2銘柄の相関係数が高い（状態にある）」ということです。相関係数が＋1に近いペアほど2銘柄の株価推移が連動していることを意味します。

サヤチャートにてサヤの推移を見ると、1年間で周期的に繰り返し往来しているペアがあります。個別企業の業績やファンダメンタルではなく、1年間の過去のサヤの推移を優先して、このようなペアを探してください。

◆ステップ2：仕掛けのタイミングはボリンジャーバンドで計る

平均回帰に理想的な銘柄ペアを見つけ出したら、次に、ボリンジャーバンドを使って仕掛けのタイミングを計ります。2銘柄のサヤが大きく離れたタイミングから少し平均値方向に回帰しはじめたときがベストタイミングです。

仕掛けたタイミングからサヤが平均値方向に戻ってきた部分が利益になります。反対に、サヤがさらに離れて広がってしまうと損失になります。

平均回帰ペア狙いを仕掛けるタイミング例

【4901】フジフィルム 1,425円 【7912】大日本 593円
相関係数 0.9736 シグマ 0.1796 サヤ比 2.403 移動平均乖離率 0.6389%

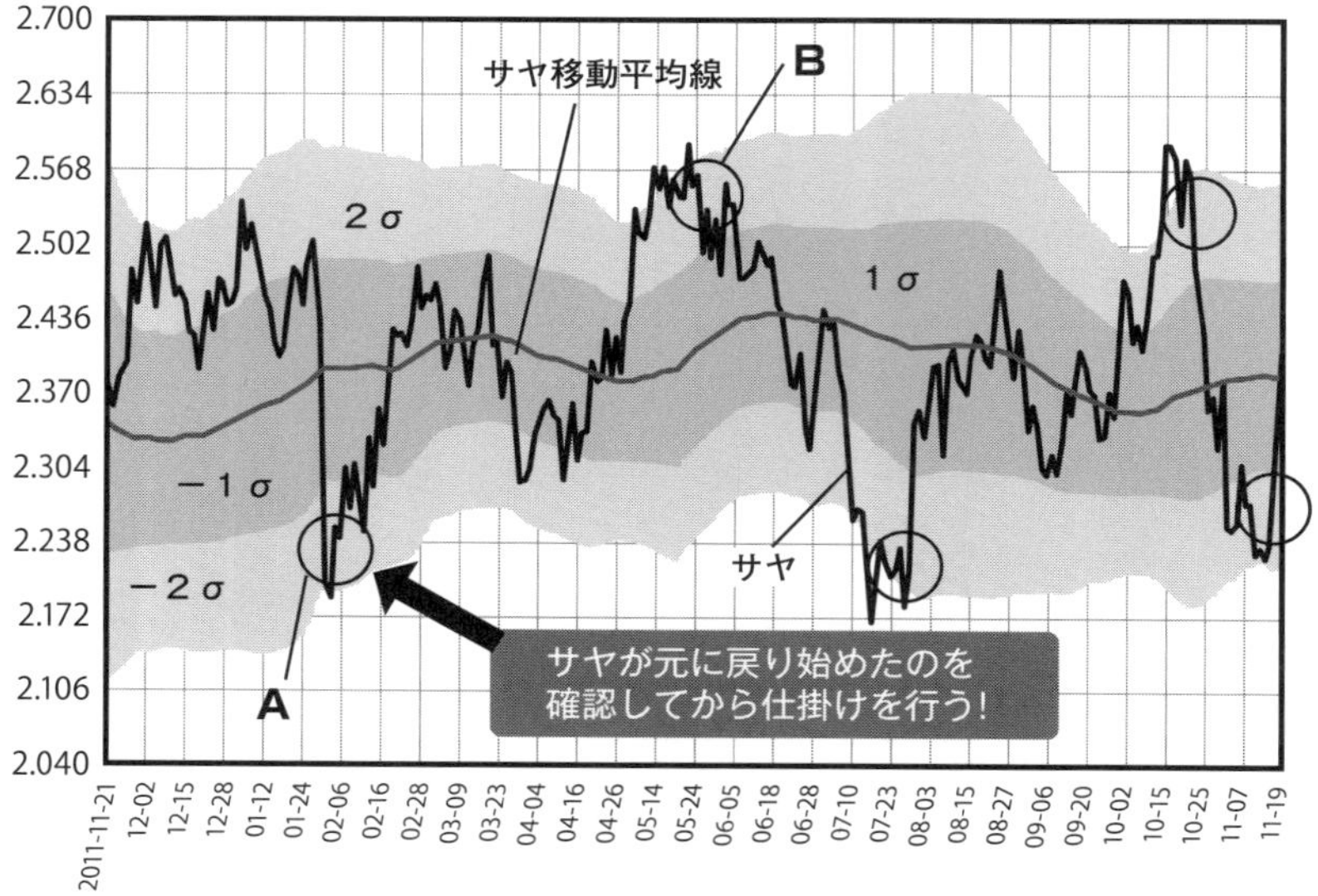

Aのところでは、−２σを超えて平均値方向（上方向）に戻り始めているので、軸銘柄であるフジフィルムを買い、脇銘柄である大日本印刷を売る仕掛けになる。Bのところでは、２σを超えて平均値方向（下方向）に戻り始めているので、軸銘柄であるフジフィルムを売り、脇銘柄である大日本印刷を買う仕掛けになる。

※軸銘柄＆脇銘柄については、108ページ参照

仕掛けのタイミングにボリンジャーバンドを使う理由は、相関性の高い2銘柄のサヤが往来している場合、ボリンジャーバンドの±2σを基準にしてサヤのトレンドが転換する傾向にあるからです。したがって、平均回帰狙いでサヤ取り投資の仕掛けを行うときは、ボリンジャーバンドの±2σ付近で転換し、サヤが移動平均線に向かって回帰し始めるタイミングで両建てします（前ページ参照）。

この平均回帰を狙ったサヤ取りペアは、サヤが上から下に回帰するタイミングでも、下から上に回帰するタイミングでも、2銘柄の買いと売りを反転させることによって、年間何度でも仕掛けを行うことができます。

サヤが上から下に向かう方向に仕掛ける場合は軸銘柄を売り、脇銘柄を買います。逆に、サヤが下から上に向かう方向で仕掛ける場合は、軸銘柄を買い、脇銘柄を売ります。慣れるまで困惑するかもしれませんが、慣れてしまえば簡単です。

1年間でサヤが周期的に往来するペアを見つけた場合には、ボリンジャーバンドの±2σからの転換を確認して、両建ての仕掛けを行ってください。

4 平均回帰狙いの損益例

サヤ取り投資の平均回帰狙いの損益例について、総合商社2社、三菱商事と三井物産のペアを例にして解説します。

次ページのチャートは2社の1年間の株価の騰落率を重ねて表示させた株価比較チャートです。両社とも1年間で株価は上昇していることと、株価はほぼ連動していることがわかると思います。

そして、騰落率チャートの下の棒グラフが2社のサヤの開き具合を表したサヤチャートです。過去サヤの平均値を0として表示しています。上部の騰落率チャートの開きが大きいときに下のサヤチャートも大きく動いているのがわかると思います。

実際に仕掛けを行う場合には、棒グラフのサヤチャートをよりわかりやすく表示させた折れ線グラフ

【株価比較チャート】

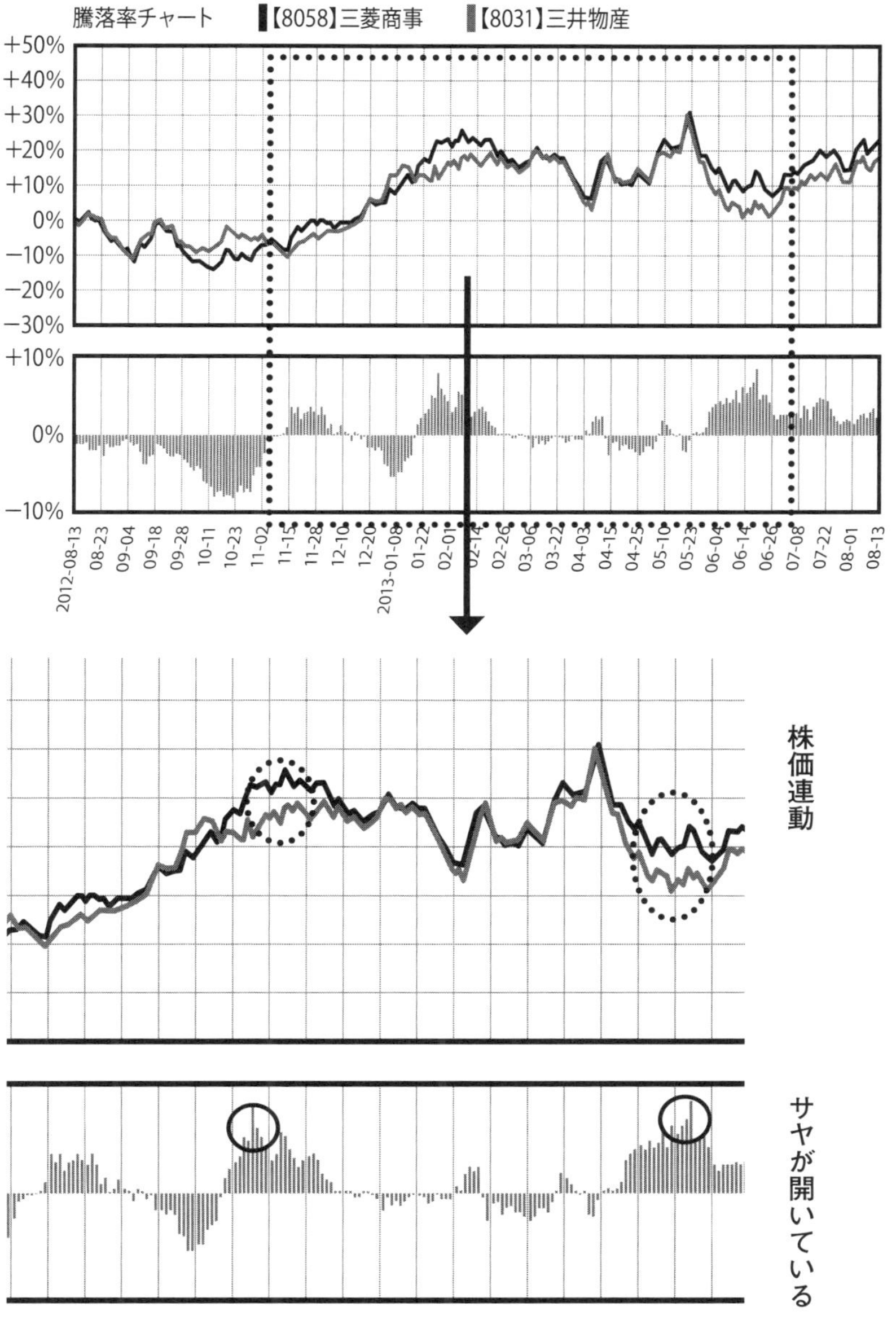
騰落率チャート
【8058】三菱商事
【8031】三井物産
+50%
+40%
+30%
+20%
+10%
0%
−10%
−20%
−30%
+10%
0%
−10%
2012-08-13
08-23
09-04
09-18
09-28
10-11
10-23
11-02
11-15
11-28
12-10
12-20
2013-01-08
01-22
02-01
02-14
02-26
03-06
03-22
04-03
04-15
04-25
05-10
05-23
06-04
06-14
06-26
07-08
07-22
08-01
08-13
株価連動
サヤが開いている

のサヤチャートを使います（次ページ参照）。

サヤチャートを見ることで2銘柄のサヤの推移がよくわかります。２０１３年１月２９日に２社のサヤが大きく開き、平均方向に戻り始めたタイミング（次ページのチャートの丸印）で、２銘柄の両建ての仕掛けを行いました。

◎２０１３年１月２９日の始値
買い銘柄【８０３１】三井物産　株価１３２７円　株数７００株
売り銘柄【８０５８】三菱商事　株価１９１６円　株数５００株
三井物産の投資金額＝株価１３２７円×７００株＝９２万８９００円
三菱商事の投資金額＝株価１９１６円×５００株＝９５万８０００円

このように2銘柄の投資金額がほぼ同じになるように株数の調整を行い、両建てで保有します。

サヤ取り投資の場合、投資金額をできるだけ同じにしたいところですが、実際に両建てさせるときに

【8306】三菱商事 1,922円(100株)　【8031】三井物産 1,398円(100株)
相関係数 0.96 シグマ 0.21 サヤ比 1.37 移動平均乖離率 0.49% サヤ交差19回

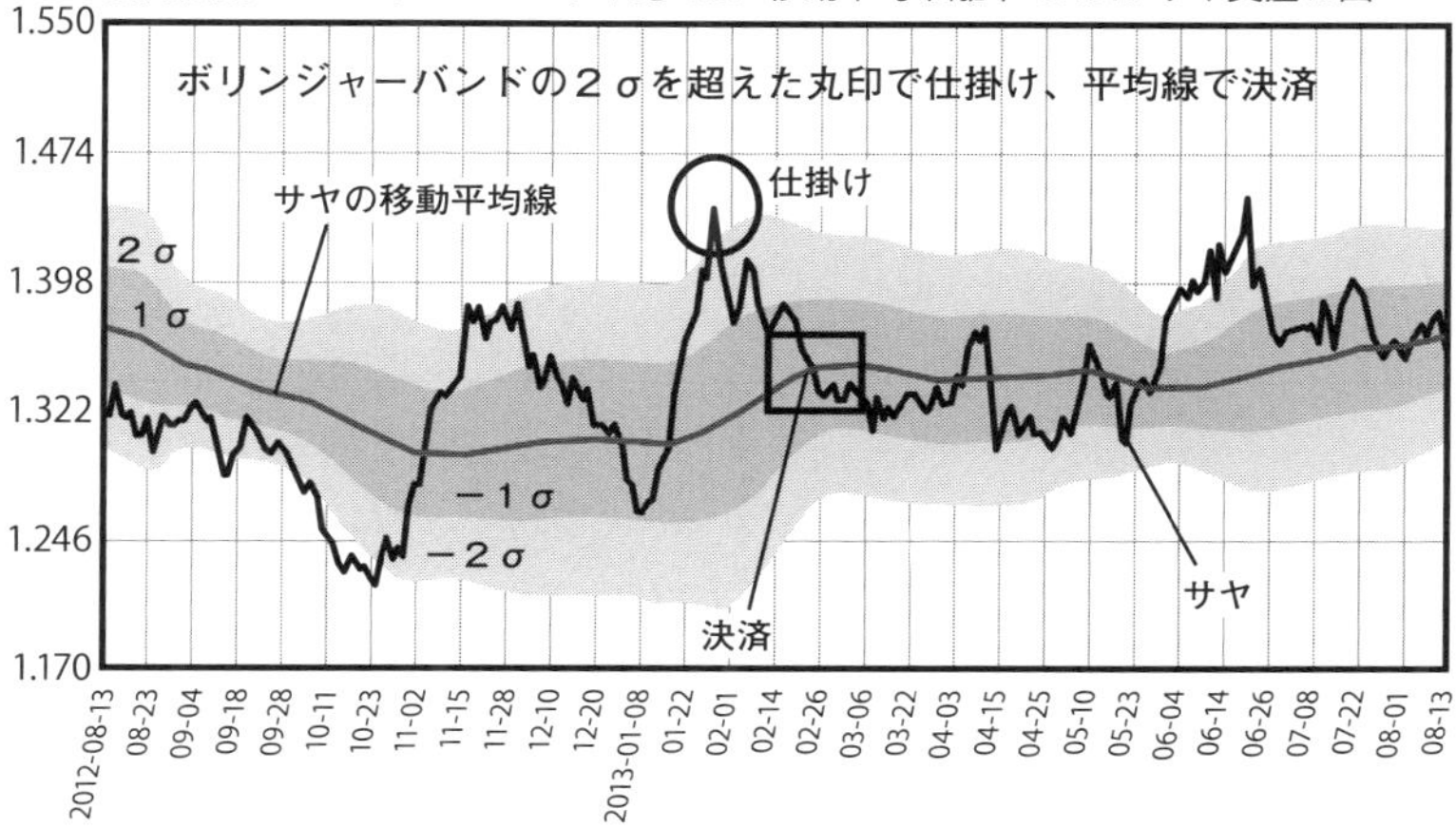

◎買い銘柄の損益

三井物産（700 株　買い）

1327 円買い→ 1410 円売り

（1410 円－ 1327　円）× 700 株＝ 5 万 8100 円の利益

◎空売り銘柄の損益

三菱商事（500 株　空売り）

1916 円空売り→ 1940 円買い戻し

（1916 円－ 1940 円）× 500 株＝ 1 万 2000 円の損失

◎２銘柄の損益合計

5 万 8100 円－ 1 万 2000 円＝ 4 万 6100 円

は95万8000円－92万8900円＝2万9100円のように少なからず誤差が発生します。サヤ取り投資で1円単位まで同じ投資金額にすることは基本的に不可能です。±5％までの両建て投資金額の誤差は、しかたがないとお考えください。

さて、その後、開いていたサヤは期待通りに元のサヤに収束したため（前ページのチャートの四角印）、2013年2月20日の寄り付きの値段にて決済を行いました。売買手数料を多めに考えても、結果として4万円以上の利益を獲得することができました。

今回の例では、仕掛けを行ったタイミングから2銘柄とも株価は上昇しています（三井物産は1327円から1410円に上昇。三菱商事は1916円から1940円に上昇）。しかし、空売りしている三菱商事よりも三井物産のほうが大きく上昇していることから、今回のように利益を獲得することができました。

これは、全体の相場が下落した場合においても同じです。重要なのは、2銘柄のサヤの推移のみです。サヤ取り投資に相場の上下変動は一切関係ありません。ある日、突然、株式市場が暴落しても、暴騰しても、2銘柄の騰落率が同じである限り、相場変動はヘッジされて、損益への影響はなくなります。

5 平均乖離狙いについて

(1) 平均乖離狙いとは

2パターンあるサヤの法則性の2つ目、「平均乖離」を狙ったサヤ取り投資について解説します。平均乖離狙いは、先ほどの回帰とは違って、今後、サヤが離れていく方向に仕掛けを行います。両建てで、サヤが離れれば離れるほど利益となるのです。

これまでは、サヤが広がったタイミングからサヤが閉じる方向に仕掛ける「平均回帰」狙いが一般的なサヤ取り投資でした。もちろん、この「平均回帰」狙いだけでも十分にサヤ取り投資で利益を狙えますが、同時に、「平均乖離」狙いも組み合わせて仕掛けることができれば、より安定した運用を行うことが可能になります。

平均乖離を狙った2銘柄の仕掛けは、次のようなイメージです。

◎株価推移が堅調な銘柄を「買い」
◎株価推移が軟調な銘柄を「売り」

要するに、株価が上昇している銘柄を買い、株価が上がっていない銘柄を空売りします。

(2) なぜ平均乖離が起こるのか

効率的市場仮説に基づいて解説すると、株式市場は効率的で株価は常に理論的に正しい価格になるように動いています。したがって、通常は、一時的にミスプライスが発生しても時間の経過とともに適正価格に落ち着くはずです。ところが、半年以上サヤが修正されることなく一方的に継続してサヤが離れ続けているペアの場合には、その2銘柄に何かしらの原因があると考えたほうが自然です。例えば、同じ業種であっても、業績の良い勝ち組企業と業績の悪い負け組企業が存在することもあります。このような場合に2社の業績の差が縮まらなければサヤはますます開いていきます。

株価は、一度動きだすと、一方向に継続して動いていく傾向があります。このことをトレンドと呼びます。このトレンドについては、2銘柄のサヤにも同じことが言えます。

半年以上継続してサヤが離れ続けているペアに関しては、今後、サヤが修正され平均値に向かって回帰する可能性よりも、そのトレンドが継続して今よりもサヤが離れる可能性のほうが高いのです。

サヤの推移を見たときに、長期的に一方向へのトレンドを形成している場合には、平均値方向に戻ってくる回帰狙いではなく、より離れていく乖離狙いのほうが利益になる確率が高いと言えます。このとき、ヘッジの効果を高める意味で、同業種のペアにしておくと安定した平均乖離狙いが可能になります。

6

平均乖離狙いの行動手順

平均乖離狙いでは次の2つのステップ（行動）が必要です。

ステップ1：一方向にサヤが推移している同業種のペアを選ぶ
ステップ2：サヤ移動平均線付近から離れたタイミングを計る

それぞれ詳しく解説していきます。

◆ステップ１：ペア選び

平均乖離を狙ったサヤ取り投資を行うときのペアの選び方も注目すべきはひとつだけです。

１年間で一方向に継続してサヤが推移している同業種のペア

実例を見てみましょう。次ページの上段のサヤチャートを見てください。これは日産自動車とトヨタ自動車のサヤチャートです。ご覧いただくとわかるように、サヤの推移は、１年間継続して右肩下がりになっています。

堅調なトヨタ株が２％上昇している日に軟調な日産株は１％上昇し、トヨタ株が２％下落している日に日産株は３％下落しているような状況が続くと、このようにサヤの推移が一方向になります。日経平均株価の上下は関係ありません。トヨタ株のパフォーマンスに比べて、日産株のパフォーマンスが日々下回ると、サヤが一方向（この場合は下方向）に推移したような形のサヤチャートになるのです。

【日産とトヨタのサヤチャート】

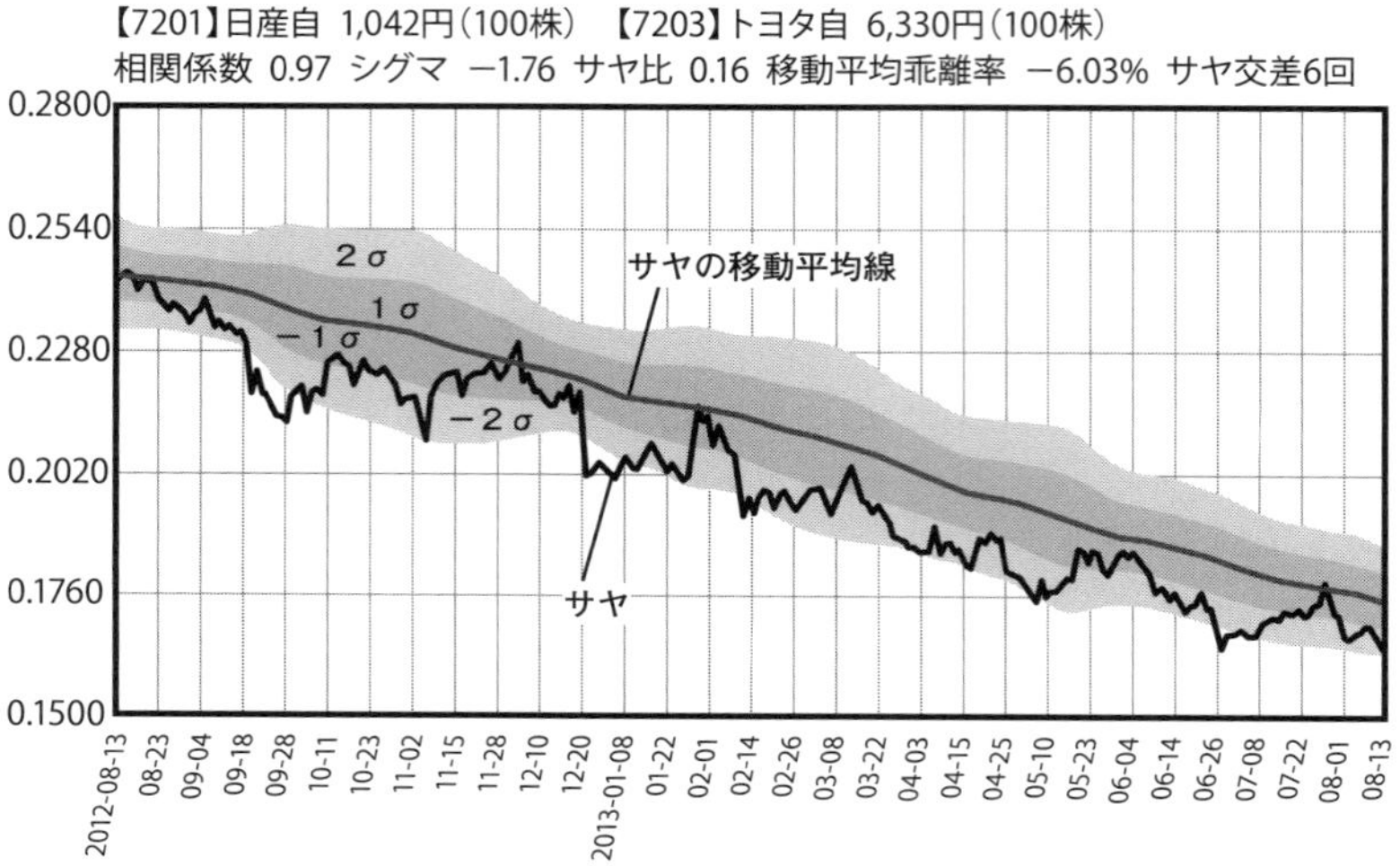

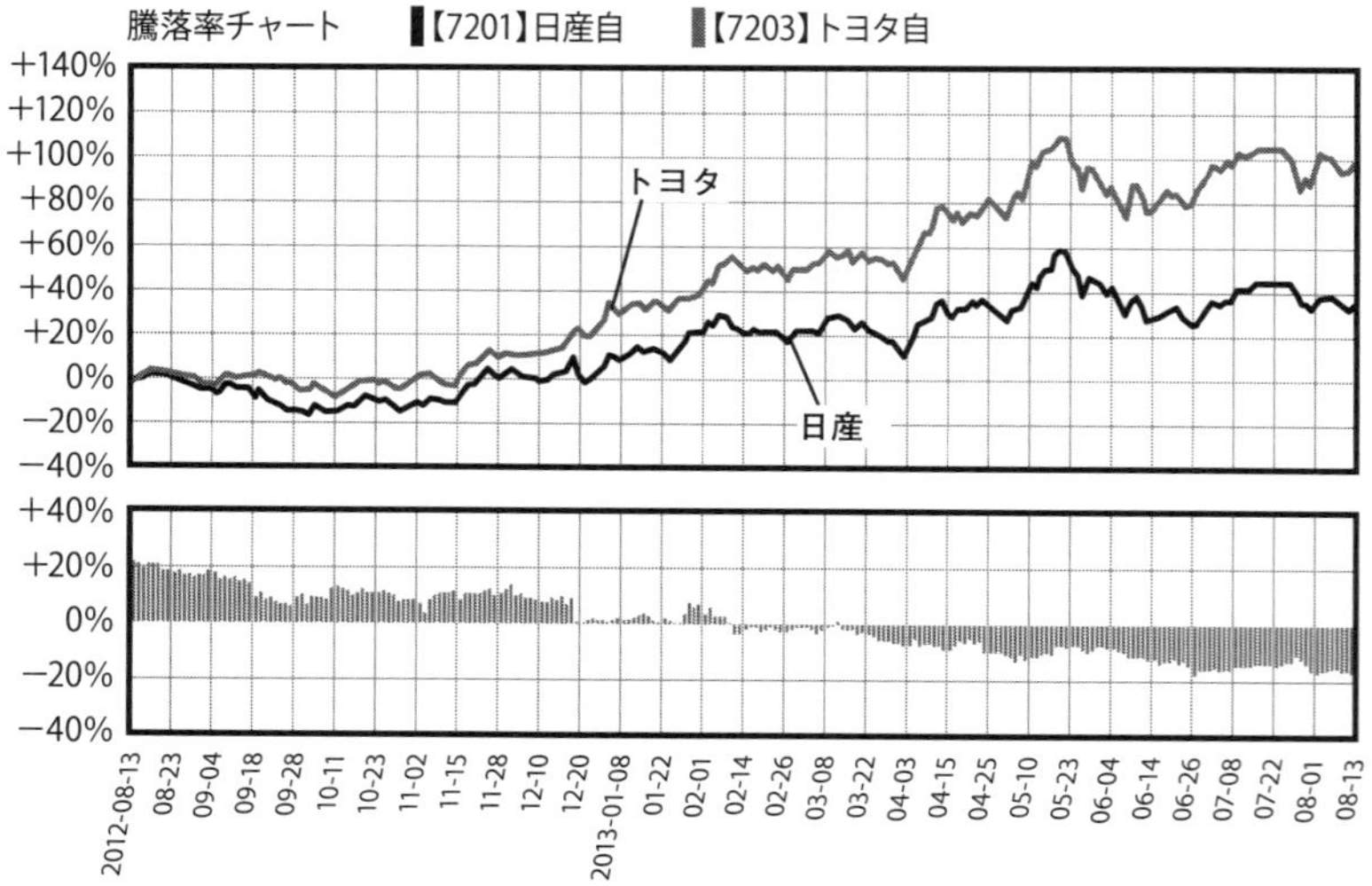

株価の騰落率を比較したチャートで確認するとわかりやすいと思います（前ページ下段の騰落率チャート参照）。

この自動車2社は、1年間で両社ともに株価は上昇しています。しかし、日産株に比べてトヨタ株のほうが大きく上昇しています。これは、日産株に対してトヨタ株がアウトパフォームしていることを意味します。

この平均乖離狙いの場合は、割高になっているトヨタ株を買い、割安になっている日産株を空売りします。

◎株価推移が堅調な銘柄を「買い」
◎株価推移が軟調な銘柄を「売り」

株価は、企業の業績や数字には見えない今後の成長性などを織り込んで動きます。その原因がはっきりと見える場合もあれば、見えない場合もあります。

同業種の企業において、半年以上継続してサヤが離れ続けているときは、株価に影響を与える何かしらの原因をはらんでいる場合がほとんどです。

◆ステップ２：仕掛けのタイミングはサヤ移動平均線から離れたとき

平均乖離方向に両建ての仕掛けを行うにあたっても、わかりやすいタイミングがあります。それは、「(サヤが) サヤ移動平均線付近から、再度、乖離を始めたところ」です。

サヤが大きく離れてしまっているチャートを見たら、平均回帰のサヤ取り投資に慣れている場合、平均値に戻る方向に仕掛けたい衝動に駆られるかもしれませんが、サヤに一方向のトレンドが発生しているペアにおいては、そのトレンドに逆らう方向に仕掛けてはいけません。一方向にサヤが発生しているときの平均回帰は一時的な修正に過ぎず、再び反転してサヤを広げ続けることが多いからです。

実際のサヤチャートの例で説明します。次ページを見てください。サヤ移動平均線付近から、再度、サヤが乖離を始めたタイミングで平均乖離方向に仕掛けを行います（丸印）。この例では、サヤがサヤ移動平均線から離れて下方向に向かうときに仕掛けますので、軸銘柄である日産株を売り、脇銘柄であるトヨタ株を買うことになります。仕掛け後は、サヤが離れるほど利益となります。反対にサヤが回帰してしまうと損失となります。

【7201】日産自 1,042円（100株）　【7203】トヨタ自 6,330円（100株）
相関係数 0.97 シグマ −1.76 サヤ比 0.16 移動平均乖離率 −6.03% サヤ交差6回

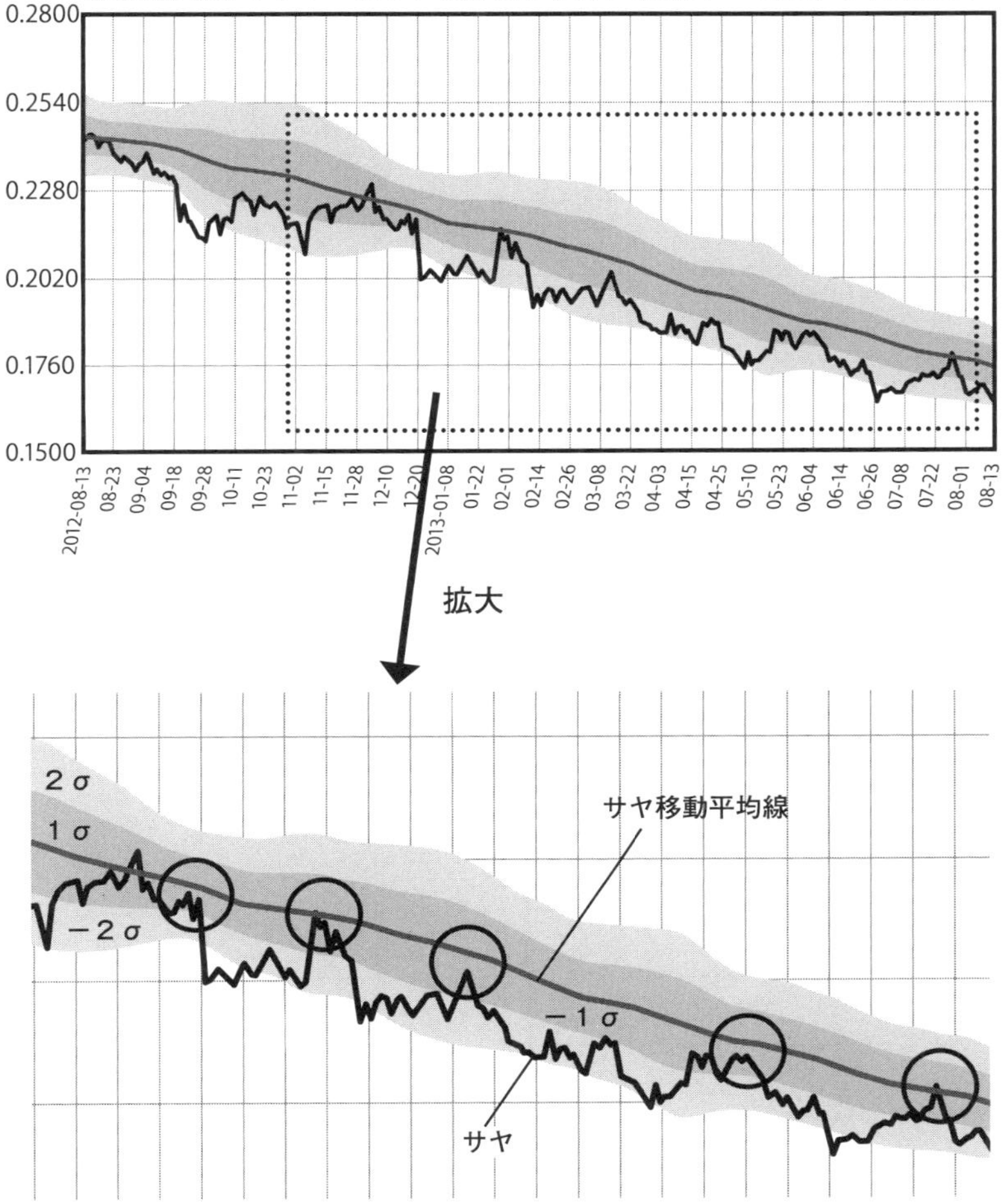

サヤが平均値から乖離したタイミングで仕掛けを行う。この例の場合は、下方向に仕掛けることになるので、軸銘柄である日産自動車を売り、脇銘柄であるトヨタ自動車を買うことになる

※軸銘柄＆脇銘柄については、108ページ参照

この平均乖離狙いの場合、平均回帰狙いとは違い、サヤのトレンドがどこまで継続するかわかりません。状況によっては、中長期で保有して大きな利益を獲得することもできます。

仮に、この自動車2社の事例では、1年間、トヨタ買い・日産売りを保有し続けたならば、継続して利益を獲得できたことになります。

実際に投資している場合には、どこかでしっかりと利益確定する必要がありますが、平均乖離狙いのサヤ取り投資ならば、相場変動のヘッジを行いながらも中長期的に利益を狙うことができるのです。

7 平均乖離狙いの損益例

平均乖離を狙ったサヤ取り投資の基本的な損益計算の方法については、平均回帰とまったく同じです。違う点は、サヤが広がるほどに利益が大きくなる点です。前節で紹介したトヨタと日産を例に解説します。

2013年3月14日にトヨタと日産の2銘柄を、平均乖離狙いの方向に仕掛けました。株価の違う2銘柄の投資金額ができるだけ同じになるように株数の調整を行い、両建てで保有します。サヤは期待通りに広がり続けて、2013年4月4日の寄り付きの値段にて決済を行いました（次ページ参照）。

今回の例では、2銘柄の株価は仕掛けを行ったタイミングから、ともに下落しています。しかし、空売りしている日産のほうが買い銘柄のトヨタよりも大きく下落しているため、今回のように利益を獲得することができました。

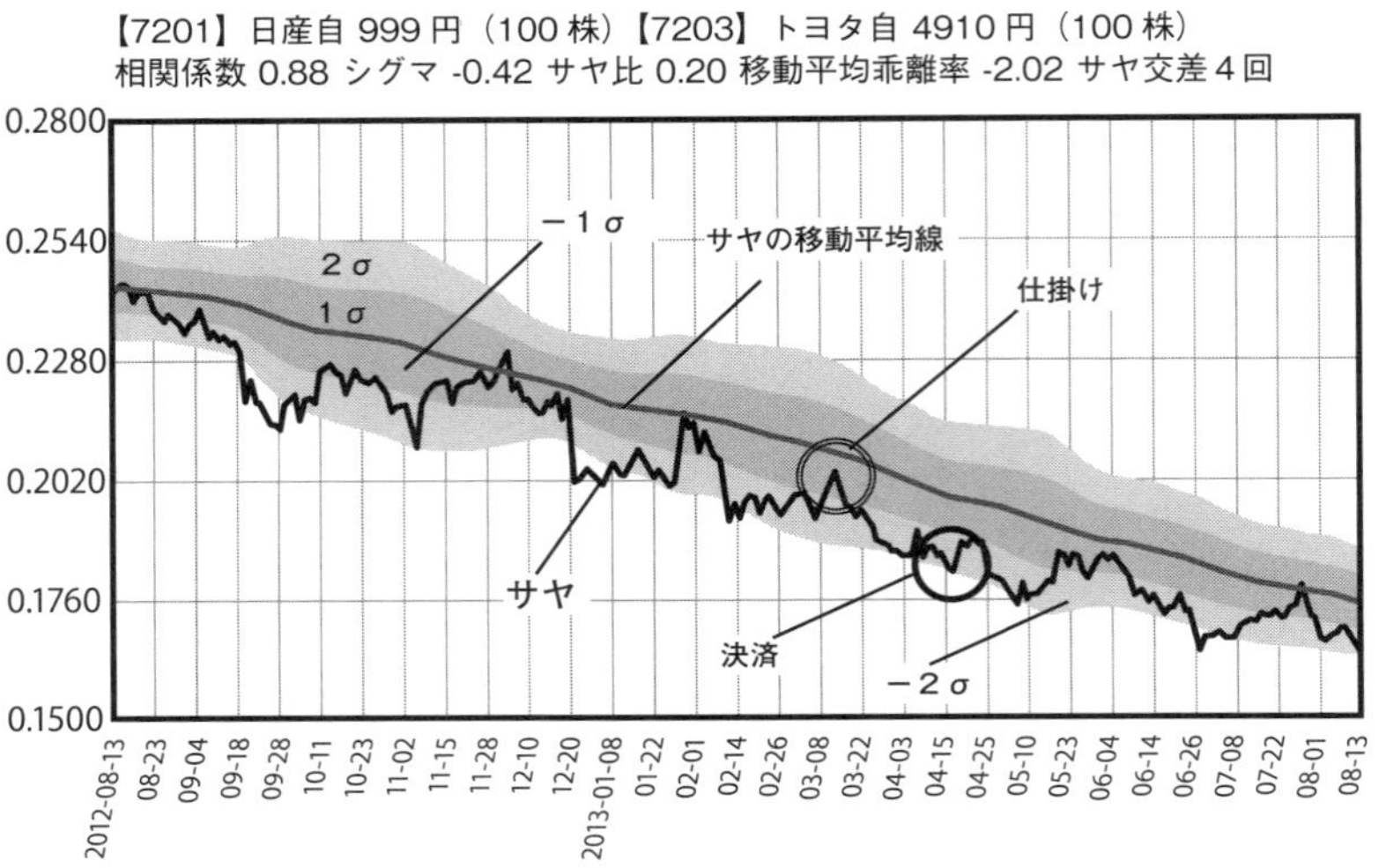

◎2013年3月14日の始値

買い銘柄【7203】トヨタ　　株価4955円　株数100株
売り銘柄【7201】日産　　　株価1008円　株数500株

トヨタの投資金額＝株価4955円×100株＝49万5500円
日産の投資金額＝株価1008円×500株＝50万4000円

◎買い銘柄の損益

トヨタ（100株　買い）
4955円買い→4720円売り（4720円－4955円）×100株＝２万3500円の損失

◎空売り銘柄の損益

日産（500株　空売り）
1008円空売り→865円買戻し（1008円－865円）×500株＝７万500円の利益

◎2銘柄の合計損益

７万1500円－２万3500円＝４万8000円

このように平均乖離狙いの場合、２銘柄のサヤが継続して広がり続ければ続けるほど、利益を伸ばすことが可能になります。

今回の例では、株式相場全体は下落しています。もしこのときにリーマンショックのように１００年に一度と言われるような金融危機が発生し、大暴落したとしても、同じ業種の企業をペアにしているので問題はありません。２銘柄がともに大きく下落したとしても、空売りしている日産株が大きな利益になり、損益は相殺されるからです。

8 サヤ取り投資の決済のタイミング

「平均回帰」と「平均乖離」のサヤの法則性と、両建てで仕掛けを行うタイミングはおわかりいただけたと思います。実際に仕掛けを行い、最後、決済するまでがサヤ取り投資です。どんなに大きく評価益が出ていても決済しなければ意味がありません。サヤ取り投資の決済のタイミングは、利益確定も損切りもすべてペアの損益パーセンテージの合計で決済することをお勧めします。

お勧めは、ペアの投資金額に対して±2・5％での決済です（次ページ参照）。ペアの投資金額に対して必ずしも±2・5％に設定する必要はありませんが、仕掛けを行う前にあらかじめ利益確定と損切りのパーセンテージは決定しておくべきです。

実際に利益になっているときは「これからもっと利益が増えるかもしれない」と考え、また反対に損失になっているときには「もう少し保有したら元に戻るかもしれない」などと考えてしまうものです。

【利益確定の決済（ペアの投資金額に対して＋2.5%)】

◎買い銘柄の投資金額100万円
└→ 10万円の利益（損益率プラス10%）
◎売り銘柄の投資金額100万円
└→ ５万円の損失（損益率マイナス５%）
◎ペアの損益金額の合計＝10万円－５万円
└→ ５万円の利益

【損切りの決済（ペアの投資金額に対して－2.5%)】

◎買い銘柄の投資金額100万円
└→ 20万円の利益（損益率－20%）
◎売り銘柄の投資金額100万円
└→ 15万円の損失（損益率＋15%）
◎ペアの損益金額の合計＝－20万円＋15万円
└→ －５万円の利益

しかし、このような余計な感情は投資には必要ありません。ペアで５万円の利益が出ていれば利益確定、５万円の損失になっていれば損切りという具合に、両建ての仕掛けを行った後は、設定してある決済のパーセンテージになったら機械的に決済するのが、精神的に楽で、長く投資を継続できるコツです。

もうひとつ、決済ルールがあります。それは、最長で保有する期間をあらかじめ決定しておくものです。私の売買ルールでは、最長の保有期間は、基本的に、仕掛けから１カ月となっています。１カ月経過したら、強制的に決済です。この保有期間ルールによって、ダラダラと粘ることはなくなります。

サヤ取り投資の場合、株価については、毎営業日の終値ベースで確認するだけでかまいません。１５時に株式市場が終了した後に保有中のサヤ取りペアの損益を確認し、決済の基準に達していれば翌営業日の寄り付きにてペアの２銘柄の決済注文（反対売買の注文）を出すだけです。

同時に仕掛けと決済の注文出す方法として、株式市場が開いていない時間に成り行きで発注しておくことをお勧めします。このやり方ならば、株式市場が開いたタイミングで、寄り付きで、ほぼ同時に約定されます。

サヤ取り投資の失敗例として、儲かっている銘柄だけ利益確定し、損失になっている銘柄をそのまま残してしまうケースがよくあります。１銘柄残した時点で片張り投資と同じになりますから、今後の株価の推移予想はできません。必ず仕掛けも決済も同時に行うように徹底してください。

9 仕掛けるときのポイント

サヤ取り投資の仕掛けは、まず膨大な銘柄ペアの組み合わせの中から、サヤ取り投資ペア検索ツールのようなシステムに頼り、銘柄ペアを一定数まで絞り込みます。

そして、絞り込んだペアの中からサヤチャートを確認して最適なペアを選び、そこから仕掛けのタイミングを探り、最終的に投資の決断を下すのは投資家自身です。

慣れないうちは、仕掛けるときにどういうところを確認すればよいのかわからないと思いますので、参考までに、私が仕掛けるときに注目するポイントをご紹介します。

◆平均回帰狙いの場合

見るべきポイントは次の４つになります。それぞれ解説します。

①サヤがボリンジャーバンドの±2σを超えて何回も戻っているか

過去に、ボリンジャーバンドの±2σを超えた後、きちんと戻っているかどうかは重要なポイントです。過去1年間のサヤチャートを確認した際、±2σを超えた後、移動平均線に向かって素直に戻っている回数が多いほど、その銘柄ペアの平均回帰に対する信頼度は増します。

そのひとつの目安となるのが、サヤチャートの上部にある「サヤ交差回数」という数値です。サヤ交差回数とは、サヤとサヤ移動平均線が何回交差したかを示した数値です。つまりこの交差回数が多いほどサヤが多く往来している傾向にあります。

絶対ではありませんが、このサヤ交差回数の多いペアは平均回帰向きのサヤ取り投資ペアと判断することができるでしょう。（次ページの上のチャート参照）。

②サヤ移動平均線のトレンドはどうか

平均回帰を狙った仕掛けを行うときにも、乖離狙いと同様、サヤ移動平均線が上向きか下向きかのトレンドもポイントになります。

仮に、サヤ移動平均線が下を向いている場合には、ボリンジャーバンドのプラス2σからの回帰を狙って仕掛けたほうが利益になる確率が高いと言えます（次ページの下のチャート参照）。

平均回帰狙いでは、サヤが一定のレンジで動いていることが多く、サヤにトレンドが発生していないケースもありますが、長期的なサヤのトレンドがどちらを向いているかについても参考にしてください。

【7951】ヤマハ 1,644円（100株）【1803】清水建 550円（1000株）
相関係数 0.95 シグマ −0.42 サヤ比 2.99 移動平均乖離率 −2.30% サヤ交差38回

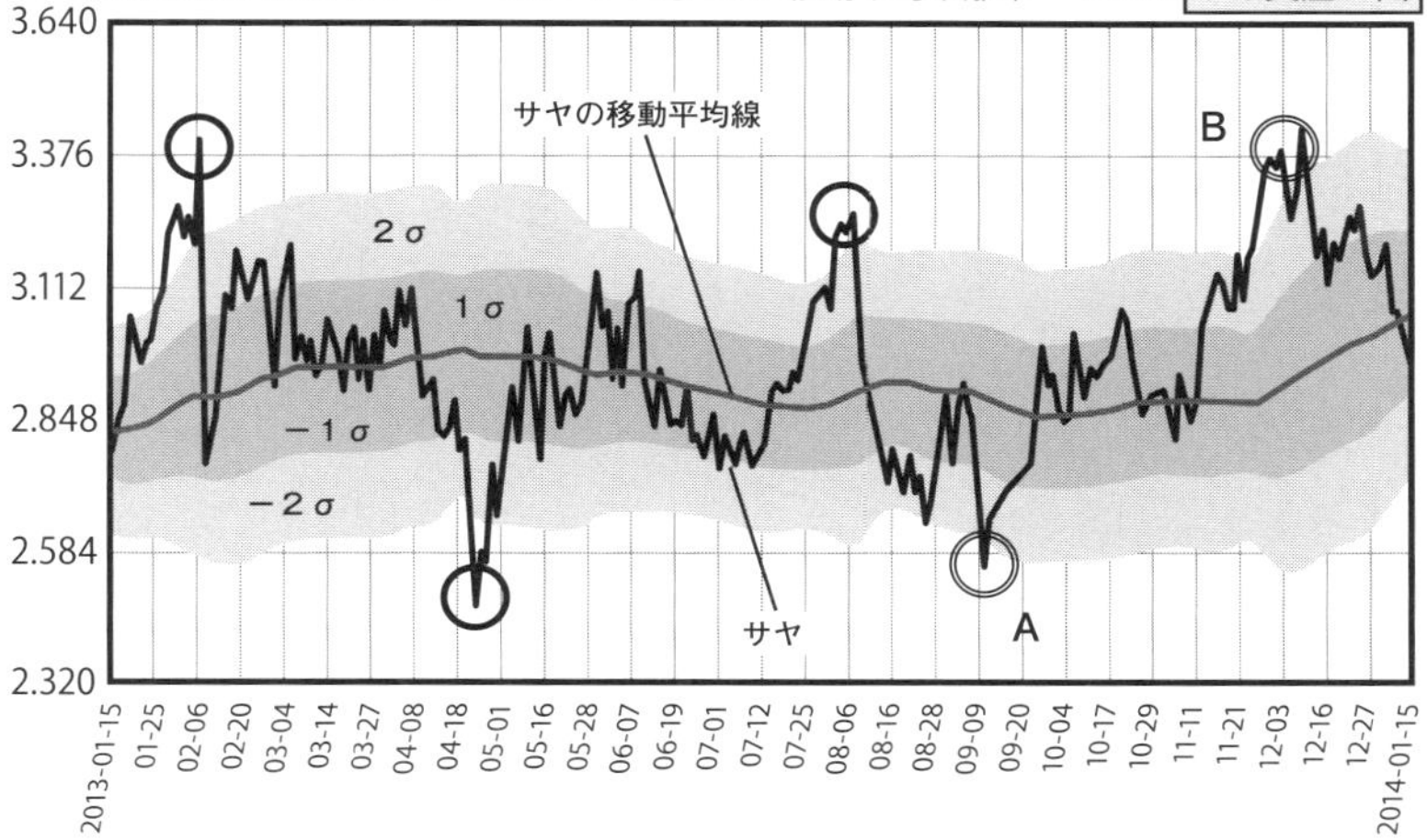

過去の動きを見ると、±２σを超えて移動平均線に戻っている回数が多いことがわかる（丸印）。こういうときは二重丸部分（A、B）での仕掛けの信頼度も増す

【8630】NKSJ HD 2,963円 【5802】住友電工 1,716円
相関係数 0.9362 シグマ −0.1398 サヤ比 1.727 移動平均乖離率 −0.4383% サヤ交差31回

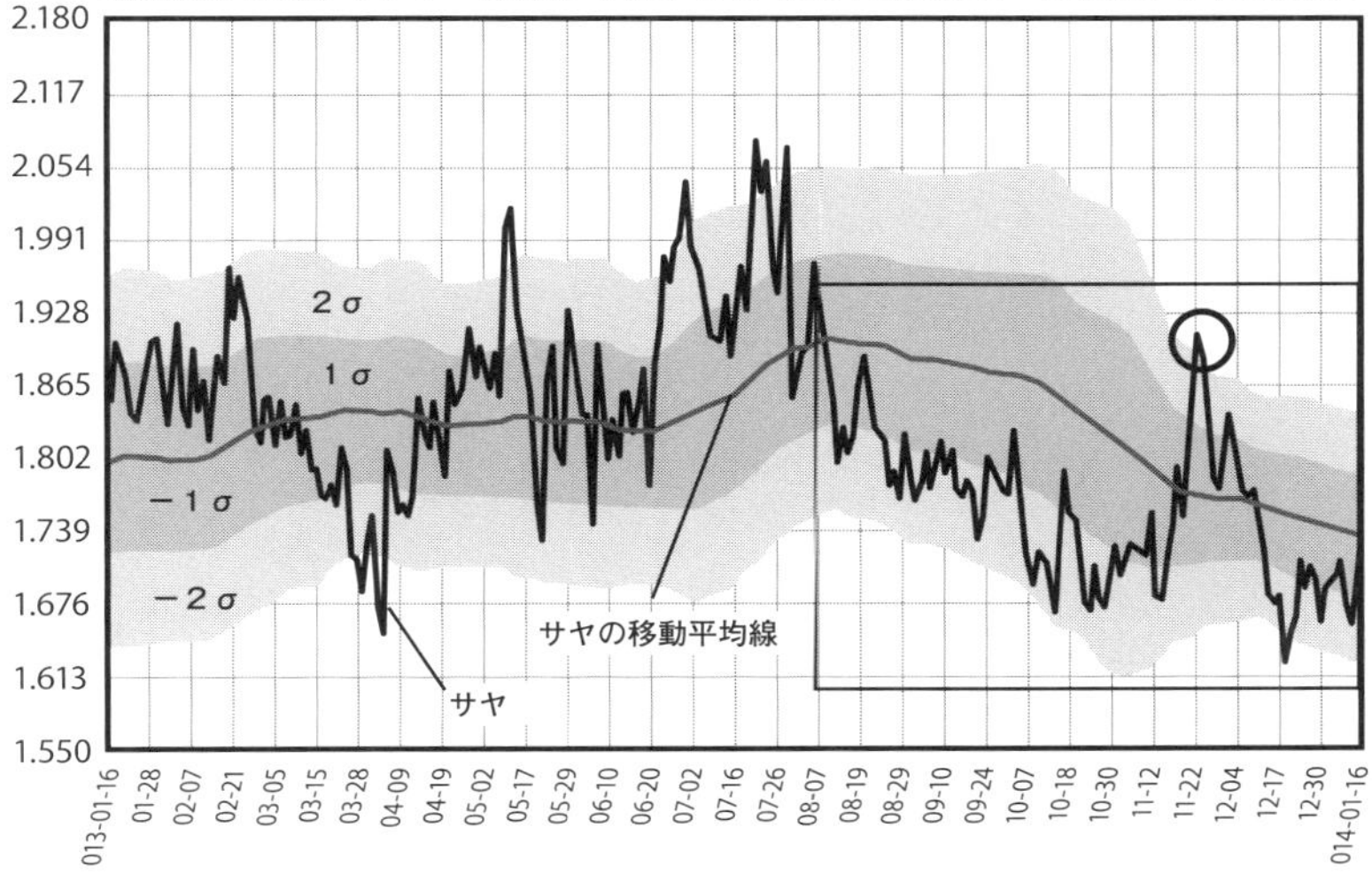

移動平均線は下方向（四角囲み）なので、＋２σを超えたところで仕掛けたほうが利益になる確率が高いと言える

③過去のサヤとの位置関係はどうか

「現在のサヤの位置が過去のサヤの位置と比べてどうなのか」を確認することも、仕掛けの精度を上げるうえで確認すべきポイントとなります。

例えば、過去に大きくサヤが開いた位置と同じ位置にサヤがあり、再度、サヤが平均方向に回帰を始めていたならば、その信頼度は高いと判断できます（次ページの上のチャート参照）。

④移動平均乖離率はどうか

サヤ移動平均乖離率とは、サヤがサヤ移動平均線から、どれだけ離れているかを見る指標です。このサヤ移動平均乖離率は、仕掛けを行ってからサヤ移動平均線にサヤが戻ってきた場合の予定利益率とお考えください。

±2σから仕掛けを行った場合でもこのサヤ移動平均乖離率が小さい場合、平均方向に回帰してきても利益が少額になってしまいます。

利益を追求するのが投資ですから、最低でも、移動平均乖離率5％以上のペアに投資することをお勧めします（次ページの下のチャート参照）。

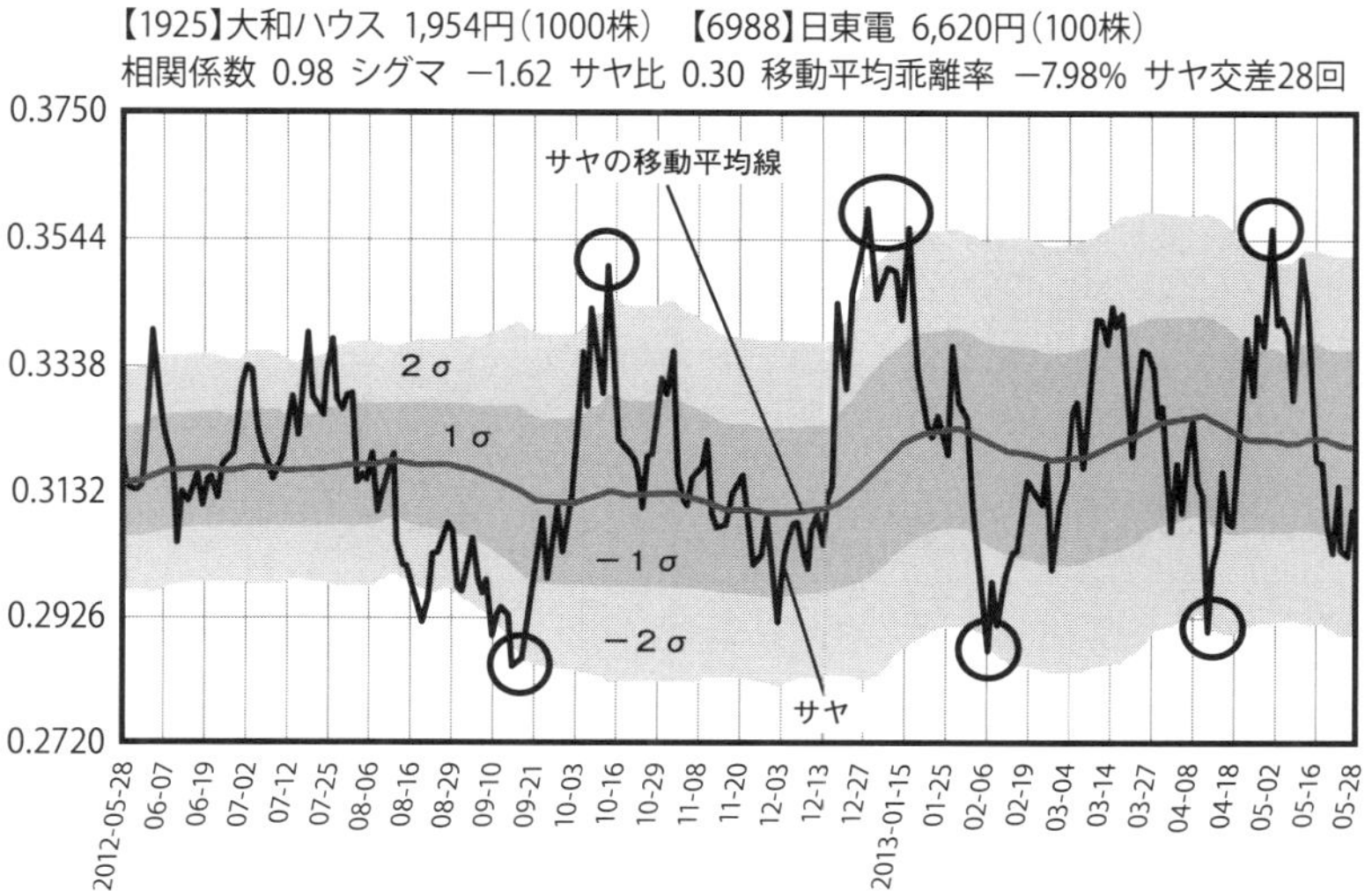

丸印のついているところ見るとわかるように、ほぼ同じ値で移動平均線に向かって折り返している。こういうときは信頼度も増す

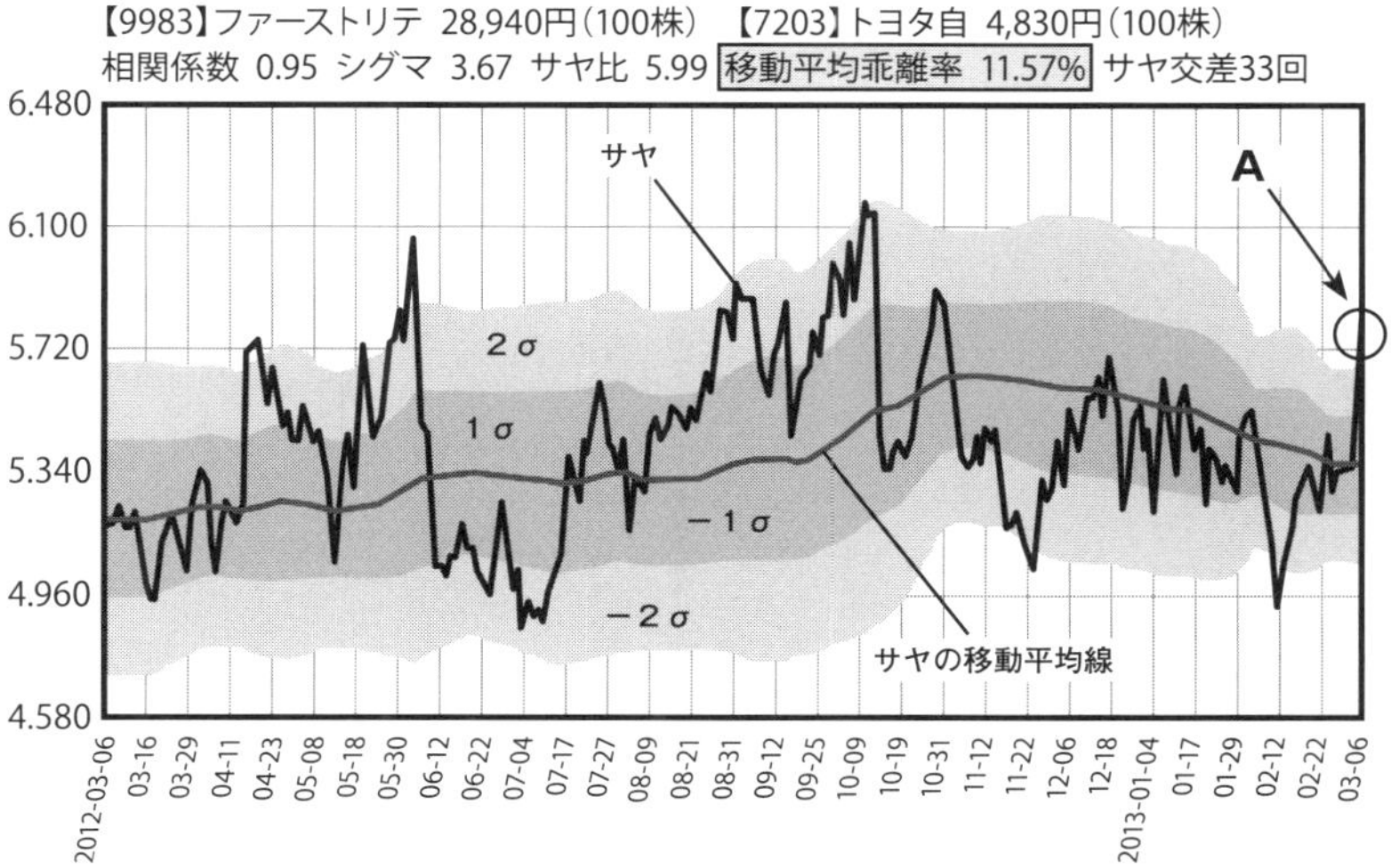

Aの位置（丸印）は、サヤがサヤ移動平均線から大きく離れている（移動平均乖離率 11.5%）。このくらい離れていると、回帰したときの利益も大きい

◆平均乖離狙いの場合

見るべきポイントは次の３つです。それぞれ解説します。

①サヤのトレンドが一方向かどうか

平均乖離狙いで説明した話の繰り返しになりますが、できるだけ長期間、一方向にサヤのトレンドが発生しているペアが平均乖離に適しています。

平均乖離狙いの場合には、平均回帰狙いとは反対に、サヤ交差回数の少ないペアがお勧めです。サヤに一方的なトレンドが発生しているわけですから、サヤがサヤ移動平均線にタッチする回数は自然と少なくなります（次ページの上のチャート参照）。

②サヤ移動平均線付近を起点に乖離しているかどうか

サヤがサヤ移動平均線付近を起点に乖離したタイミングで仕掛けを行ってください。

平均乖離狙いは年間通して一方向に推移しているペアも多くあるため、仕掛けを行うタイミングがない場合もあります。しかし、焦って大きくサヤが乖離したタイミングで仕掛けを行ってしまうと一時的な回帰方向への修正でマイナスになることもあるかもしれません。

平均乖離狙いでは、サヤ移動平均線を一度交差した数日後に、再度、乖離し始めるケースも多いので、

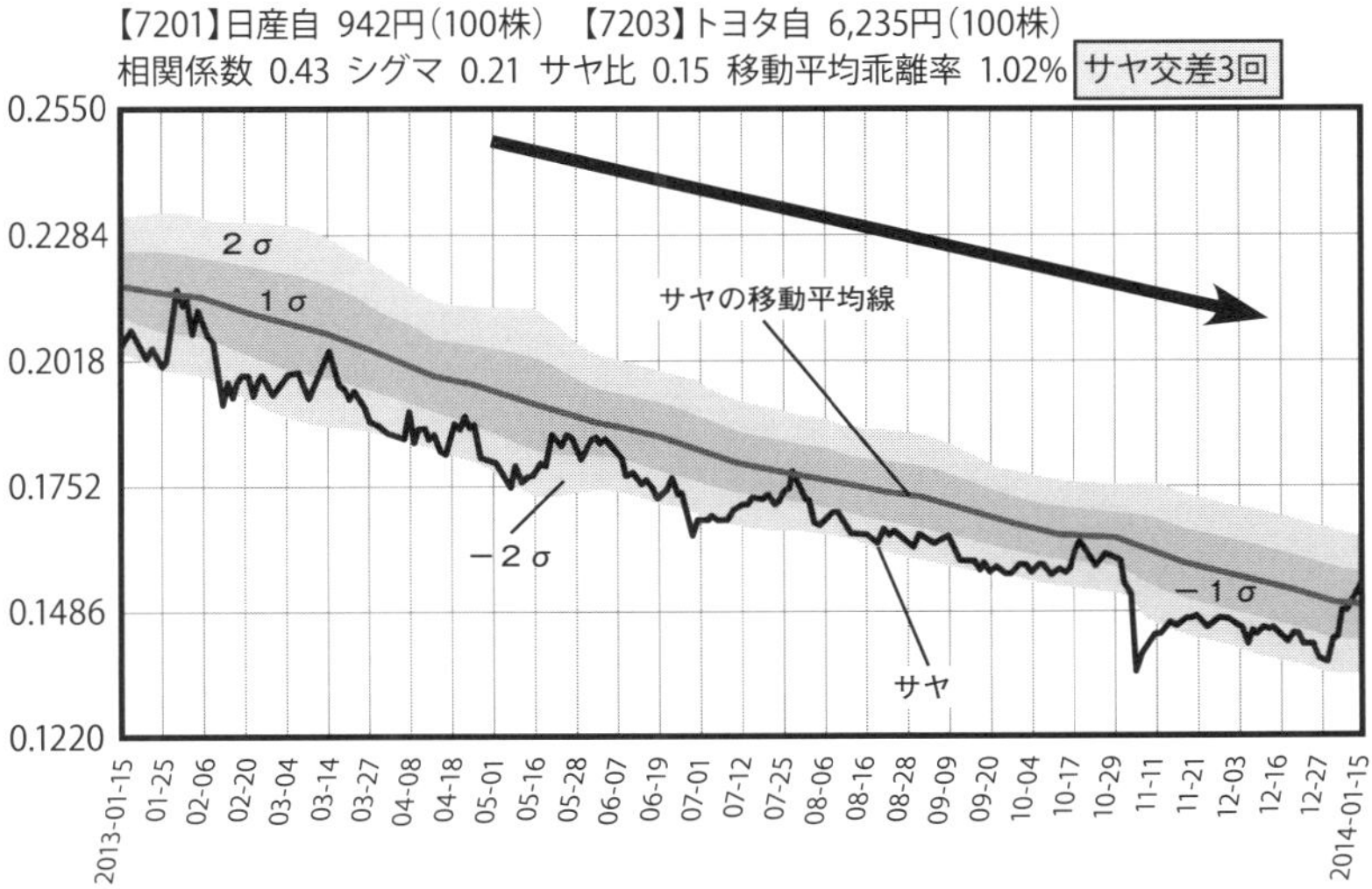

サヤのトレンドは一方向（このケースでは下方向）になっている

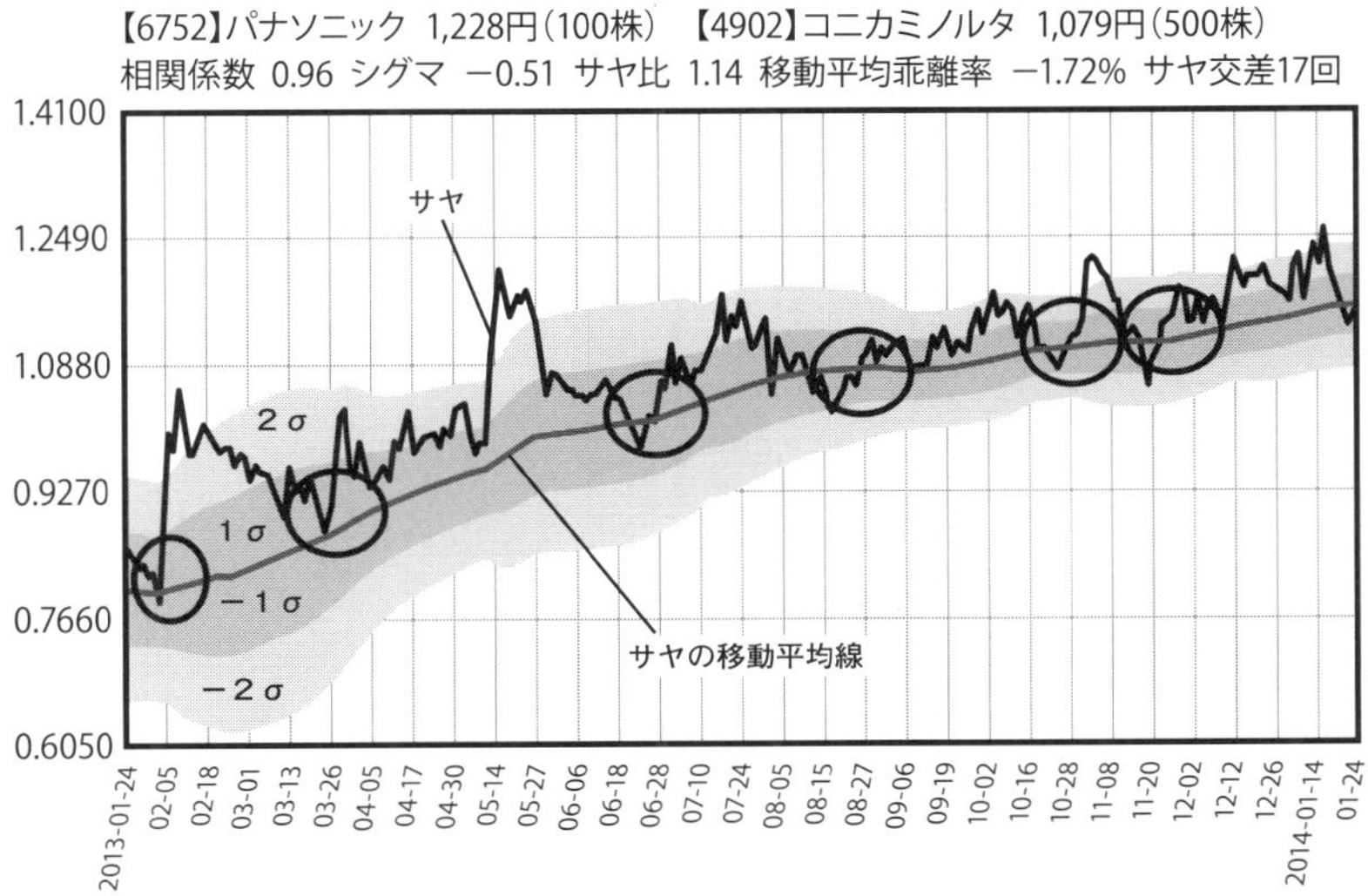

サヤがサヤ移動平均線から離れたタイミング（チャートの丸印）で仕掛ける

仕掛けるときには、前もって狙うペアを把握しておき、チャンスが来たら仕掛けを行ってください（前ページの下のチャート参照）。

③同業種のペアかどうか

私は、平均乖離を狙う場合には、できる限り同業種同士の企業で行うようにしております。その理由は、同じ業種で行うことによって、簡単に２つの企業の業績や経営状態を比較できるからです。

実際に仕掛けを行い、利益を獲得した例として、ソフトバンク（買い銘柄）とＮＴＴドコモ（売り銘柄）をペアにした平均乖離狙いを紹介します。

今でこそＮＴＴドコモはアイフォン（iPhone）の発売を開始しましたが、その仕掛けを行っていた当時には、ＮＴＴドコモにはアイフォンの販売権利がなく、ソフトバンクにシェアを奪われ続けていたのです。

私は、普段、サヤチャートの形で判断するテクニカルを重視してサヤ取り投資を行っています。今回のケースでは、テクニカルに加えて、先述したような、２社の企業の株価に明らかに差が発生するファンダメンタル的な要素もわかっていたので、安心して仕掛けることができました。

このように、テクニカルだけでなく、株価推移の差の理由がはっきりしていると、エントリーしやすくなります。

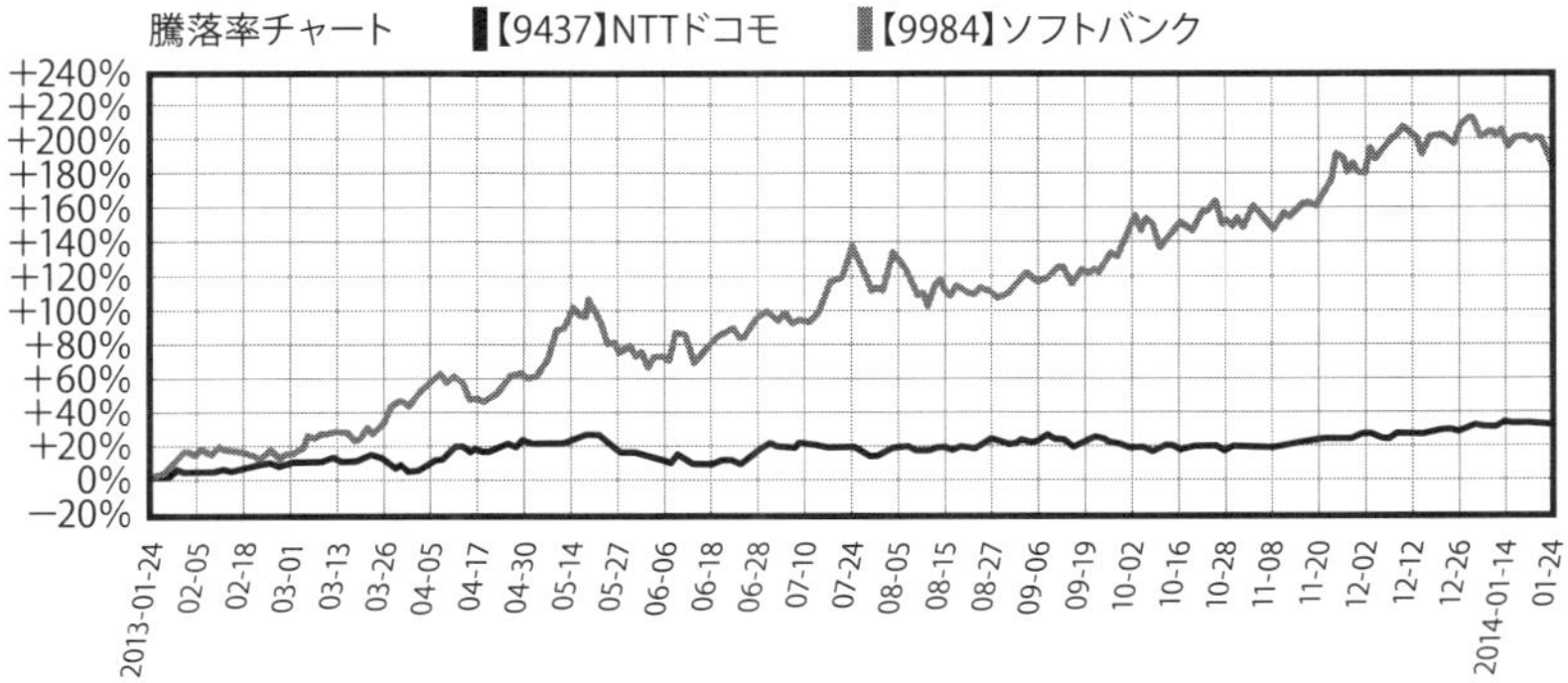

同業種なのにサヤが大きく広がっている

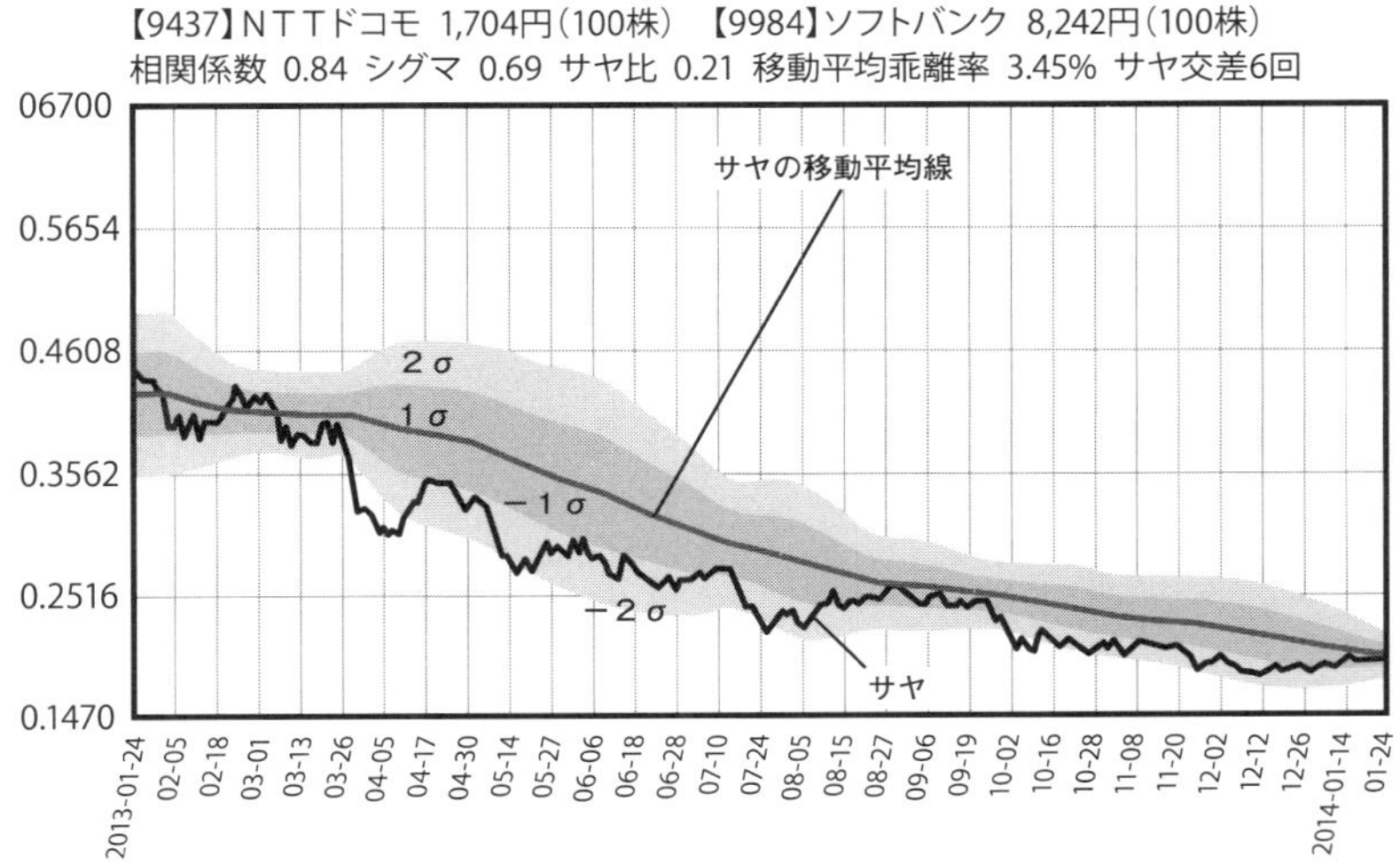

サヤチャートを見ても一方向になっている

サヤ取り投資のまとめ

①平均回帰狙い

- １年間で見たときの周期的なサヤの往来が多いペア
- ボリンジャーバンドの±２σ付近起点に、サヤがサヤ移動平均線に向かって戻り始めたところがエントリータイミング
- サヤが下に行くと思えば軸銘柄を売り、脇銘柄を買う。サヤが上に行くと思えば軸銘柄を買い、脇銘柄を売る
- 決済のタイミングはペアの投資金額に対して± 2.5%、もしくは保有１カ月を経過したとき

②平均乖離狙い

- 一方向にサヤが推移している同業種のペア
- サヤがサヤ移動平均線から離れたときがエントリータイミング
- サヤが下に行くと思えば軸銘柄を売り、脇銘柄を買う。サヤが上に行くと思えば軸銘柄を買い、脇銘柄を売る
- 決済のタイミングはペアの投資金額に対して± 2.5%、もしくは保有１カ月を経過したとき

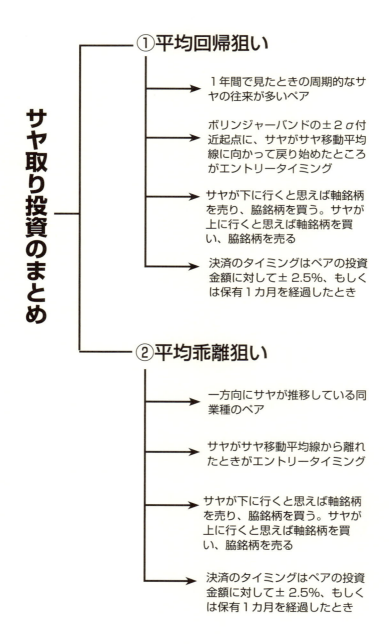

第4章

サヤ取り投資の実例

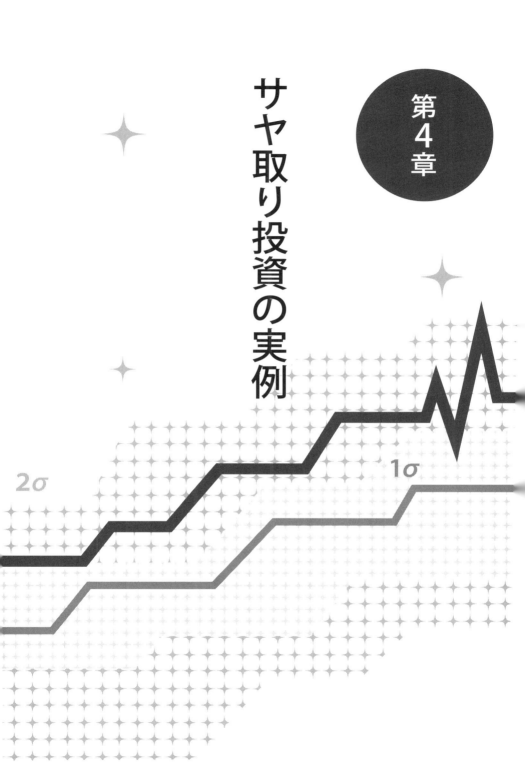

1

平均回帰狙いの実例

◆**成功例その1**

買い銘柄：住友電工（5802）　売り銘柄：NKSJ（8630）

保有期間：2013年11月27日～12月10日

非鉄金属の住友電工と保険会社のNKSJは異業種の企業ですが、過去のサヤの推移を見ると、ボリンジャーバンドの±2σ（シグマ）を起点にして定期的にきれいに往来していたため、仕掛けを行いました。

11月26日の引け後、2σから飛び出たサヤが平均値方向に戻り始めたのを確認して、翌日の27日の寄り付きにて仕掛けます。

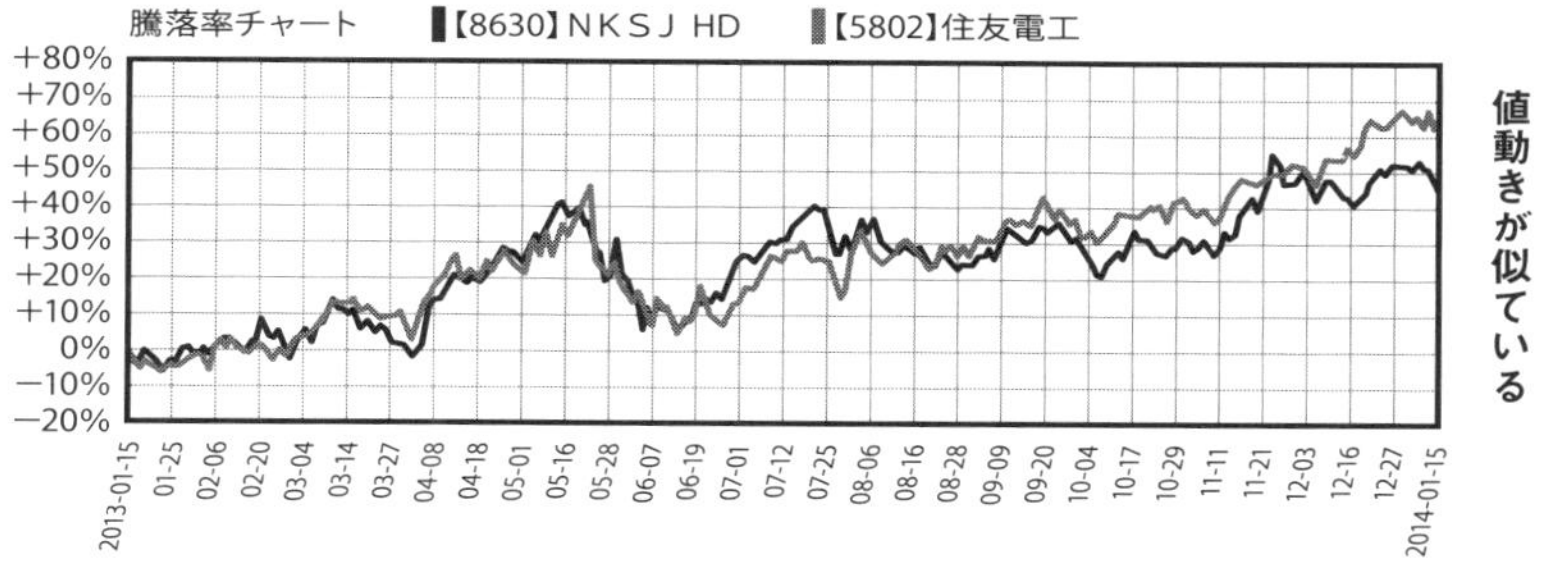

【8630】NKSJ HD 2954円（100株）【5802】住友電工 1566円（100株）
相関係数 0.94 シグマ 1.99 サヤ比 1.89 移動平均乖離率 6.58% サヤ交差 30回

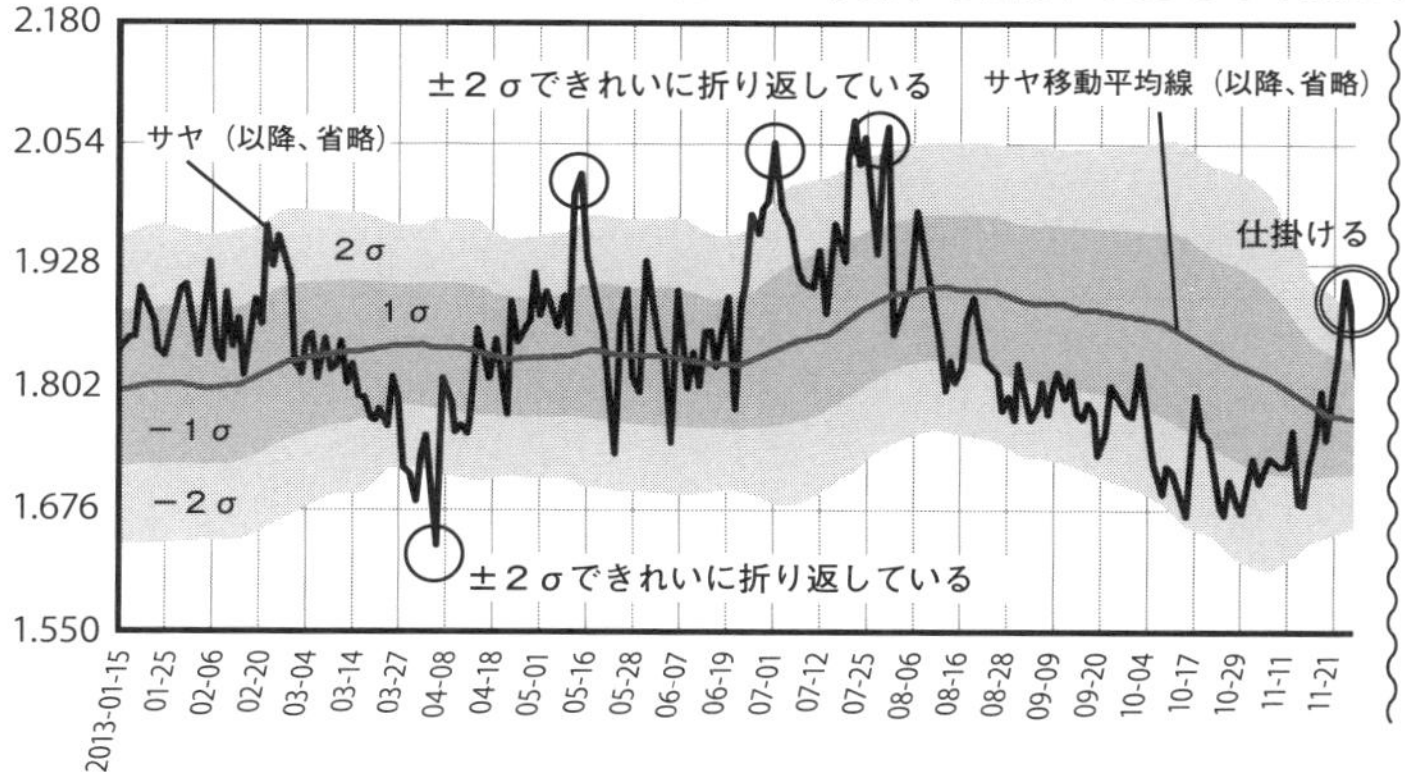

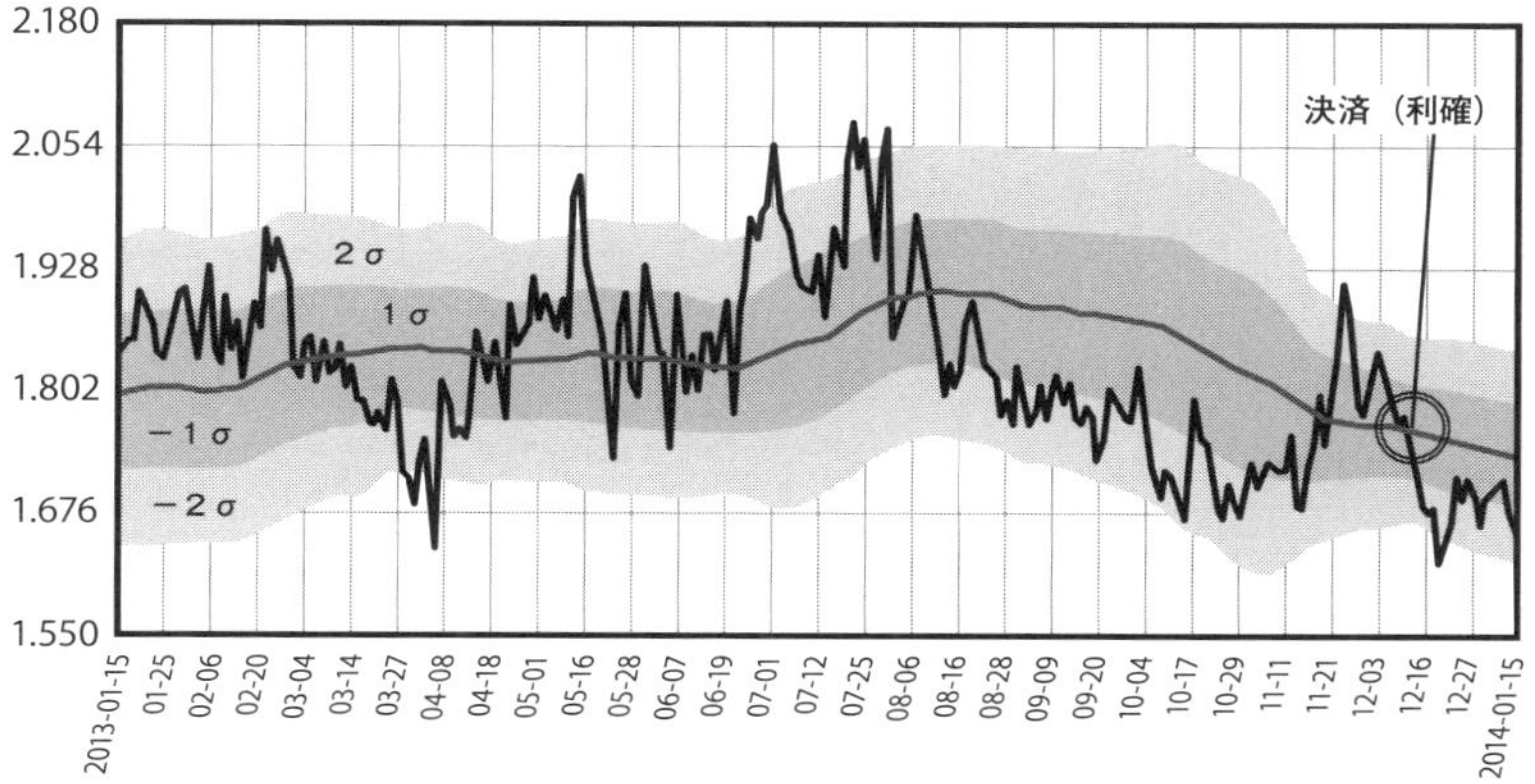

結果的にサヤはそのまま素直に平均値方向に推移したため。12月10日に利益確定を行いました。平均回帰狙いとしては、文句のない成功例です。

◆成功例その2
買い銘柄：清水建設（1803）　売り銘柄：ヤマハ（7951）
保有期間：2013年12月5日〜12月30日

こちらも異業種ですが、過去のサヤの推移を見ていただくとわかるように、±2σを起点にして定期的にサヤに往来があることがわかると思います。まったく関係ないような2つの企業においても目に見えない何かの法則性があるかのごとく、2銘柄が連動して動いているような企業は存在するのです。

11月末から2σをブレイクしていたサヤが平均値方向に戻り始めた12月5日に仕掛けを行います。しかし数日後、サヤは仕掛けたタイミングから離れてしまい、一時的に2銘柄の評価損益の合計はマイナスの状態になってしまいました。

しかし時間の経過とともに、再度、平均値方向に戻り、結果的に12月30日に利益確定することがで

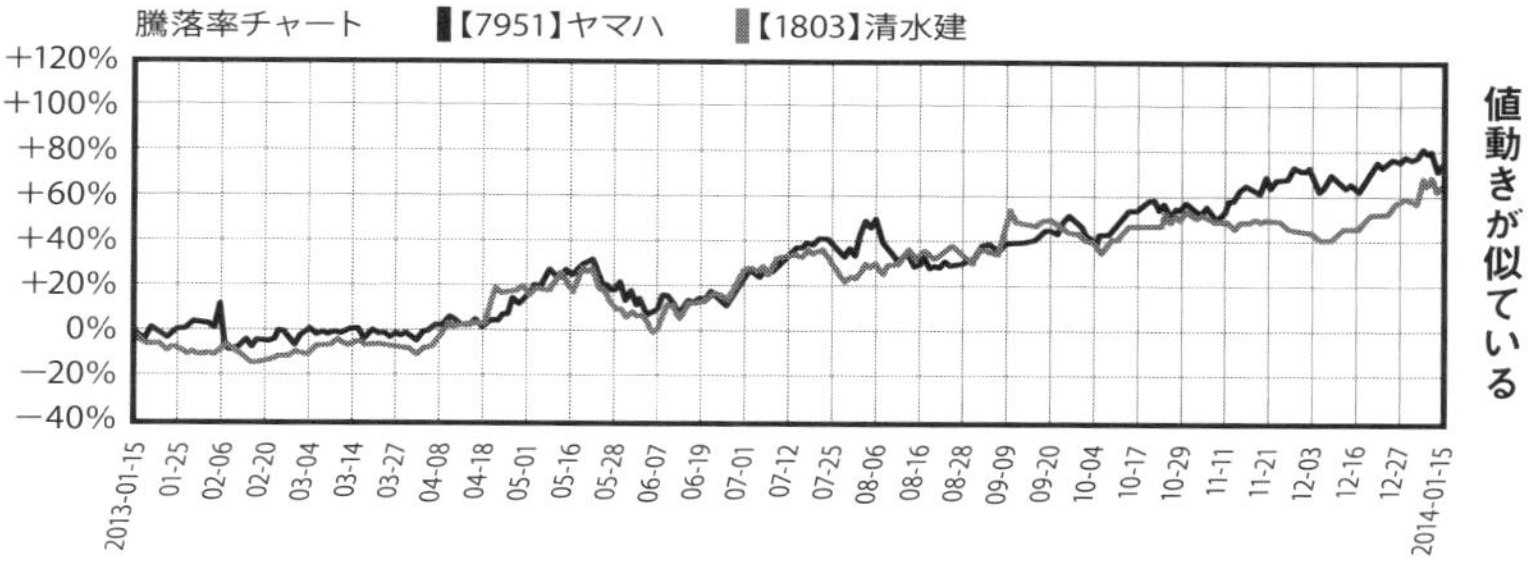

【7951】ヤマハ 1561 円（100 株）【1803】清水建 470 円（1000 株）
相関係数 0.95 シグマ 2.16 サヤ比 3.32 移動平均乖離率 13.71% サヤ交差 37 回

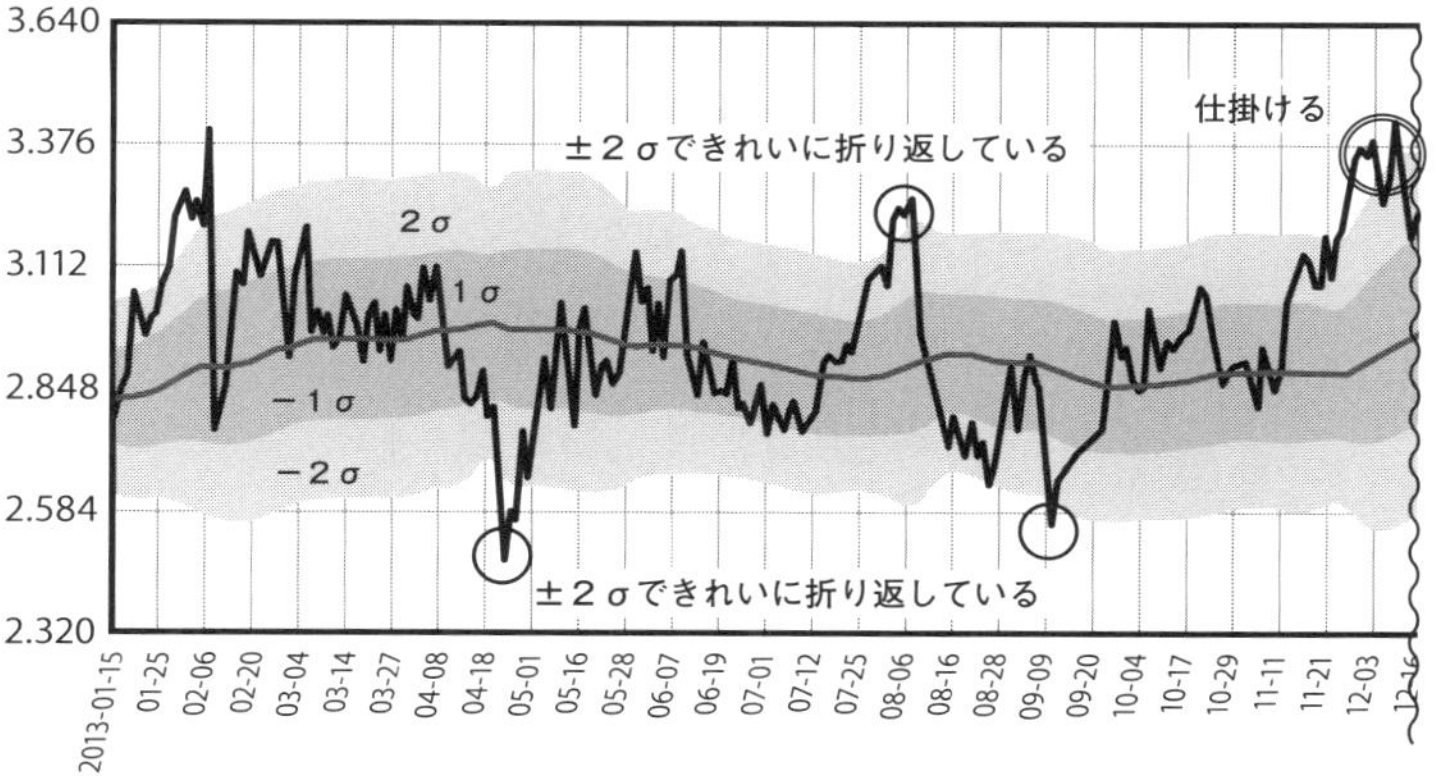

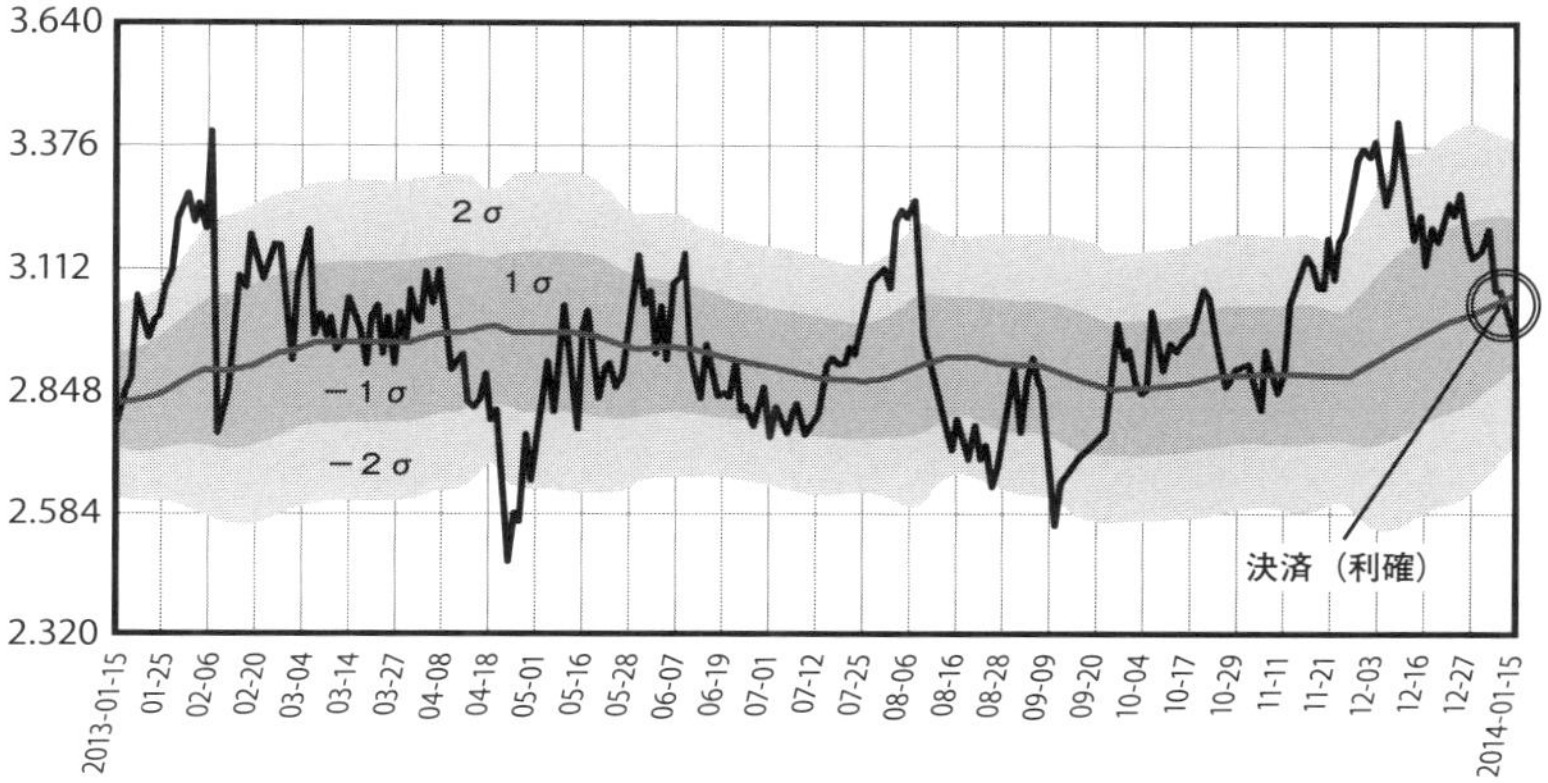

きました。

サヤ取り投資では、仕掛け後、一時的に損失になることもよくありますが、事前に決めた損切り水準に達しない限り、決済せずに継続して保有しておくと、逆転して利益を手にできることもよくあります。

しかし、将来的に必ずサヤが戻る保証はないのでどこかのタイミングで必ず損切りは行ってください。

◆失敗例その1
買い銘柄：丸紅（8002）　売り銘柄：ホンダ（7267）
保有期間：2013年11月20日〜11月25日

過去1年間のサヤの推移は一定でしたが、11月11日あたりから一気にサヤが大きく開きます。サヤは数日高い位置でもみ合いを続けた後、平均値方向に戻り始めたので、そのタイミングで仕掛けました。しかし、仕掛け後、すぐにサヤは拡大、11月25日に損切り決済です。

今回のパターンのように、ある日突然、勢いよくサヤが飛び出たペアにおいては、そのサヤが飛び出た方向に推移していく可能性が高いように感じます。サヤが大きく推移するということは、個別銘柄の

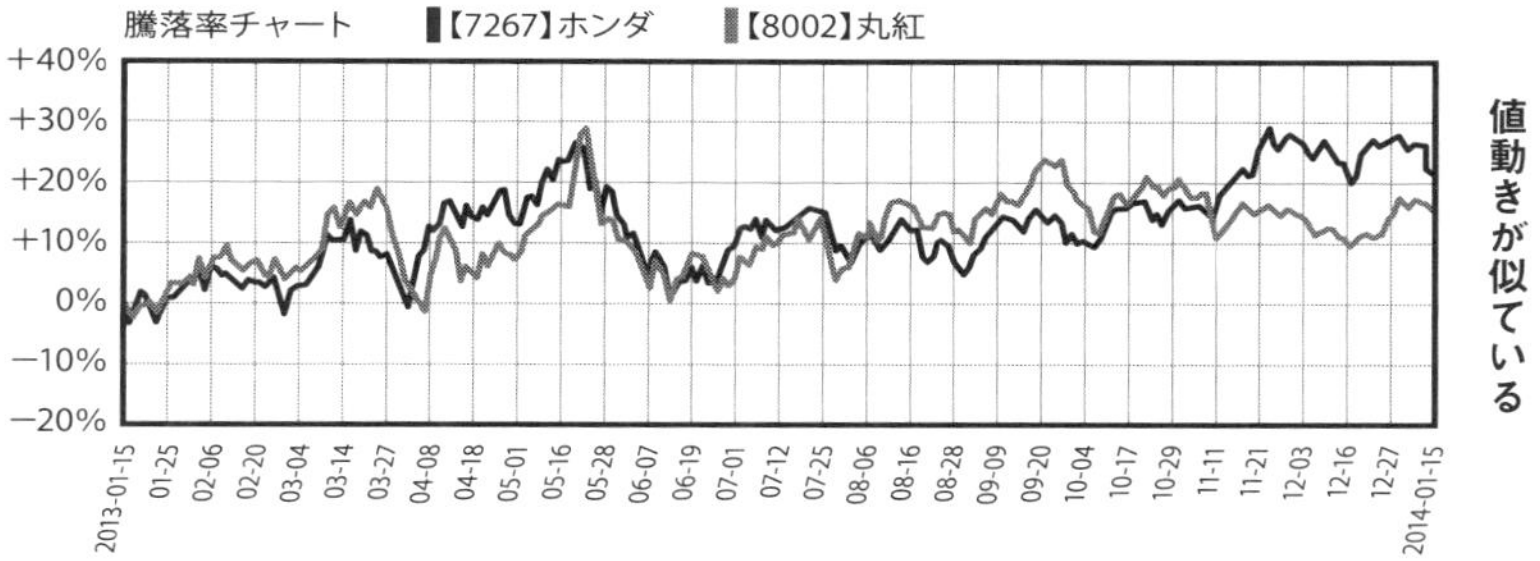

【7267】ホンダ 4095円（100株）【8002】丸紅 747円（1000株）
相関係数 0.91 シグマ 2.32 サヤ比 5.48 移動平均乖離率 7.41% サヤ交差 30回

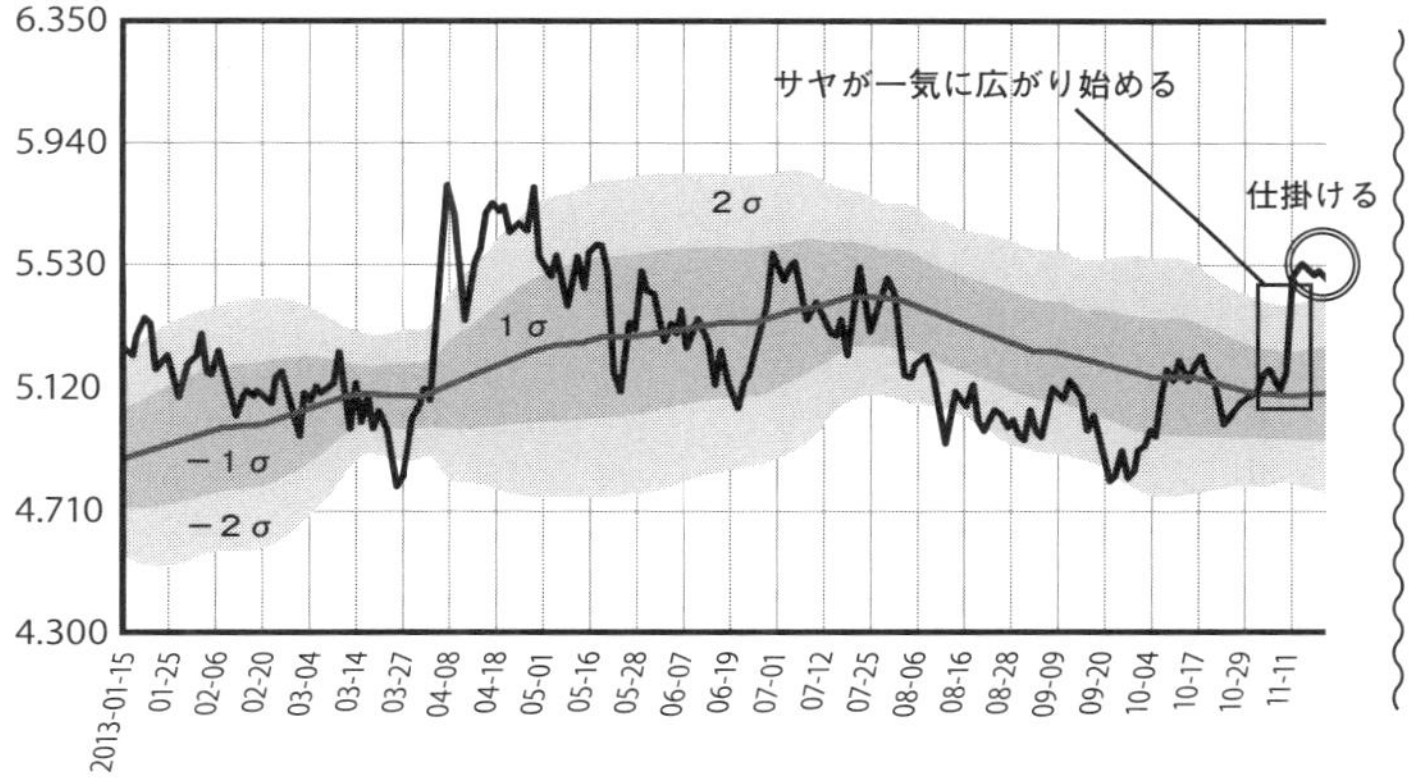

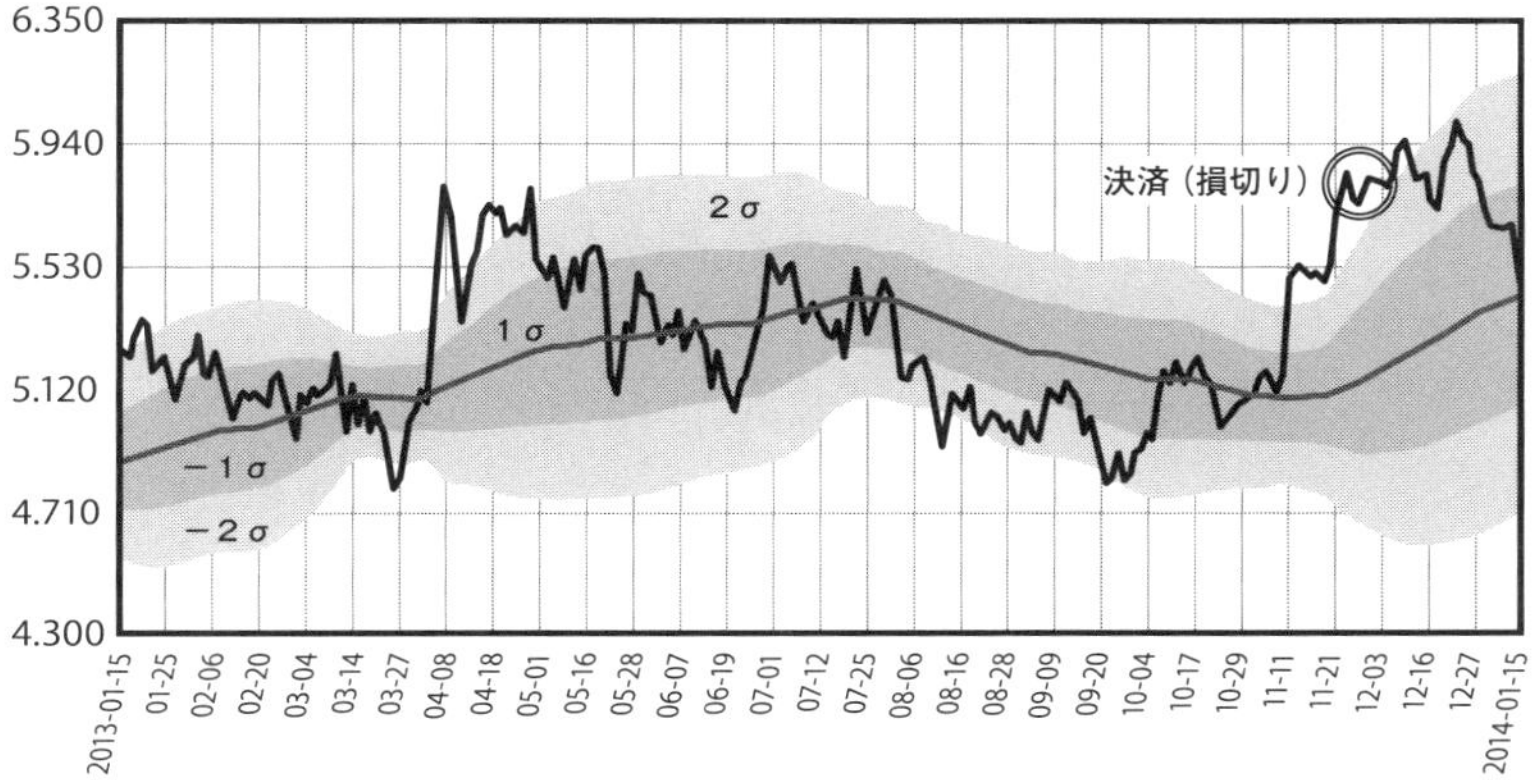

どちらか一方に原因がある可能性が高いからです。サヤが大きく推移したときには、少し慎重に仕掛けを行うほうがよいでしょう。

さて、損切りした後のサヤの推移を見ると、まだ拡大を続けておりますので、損切りは正しかったと言えます。さらに、その後のサヤチャートを確認すると、サヤは落ち着きを取り戻して元に戻りつつありますが、このような様子を見て「いずれサヤは戻ってくる」と考えて長期で保有してはいけません。それは結果論であり一生戻ってこない可能性もあるからです。必ずどこかで損切りしなければなりません。あらかじめ設定した決済ルールにしたがって損切るのが一番正しい選択と言えるでしょう。

◆失敗例その2

買い銘柄：大塚ＨＤ（４５７８）　売り銘柄：ユニチャーム（８１１３）

保有期間：２０１３年６月１１日～２４日　１０月２日～８日

平均回帰狙いの最後の実例は、２回仕掛けを行い成功と失敗をしたペアです。

一度目の仕掛けは６月１１日に仕掛けた平均回帰狙いです。２σをブレイクしたタイミングから平均

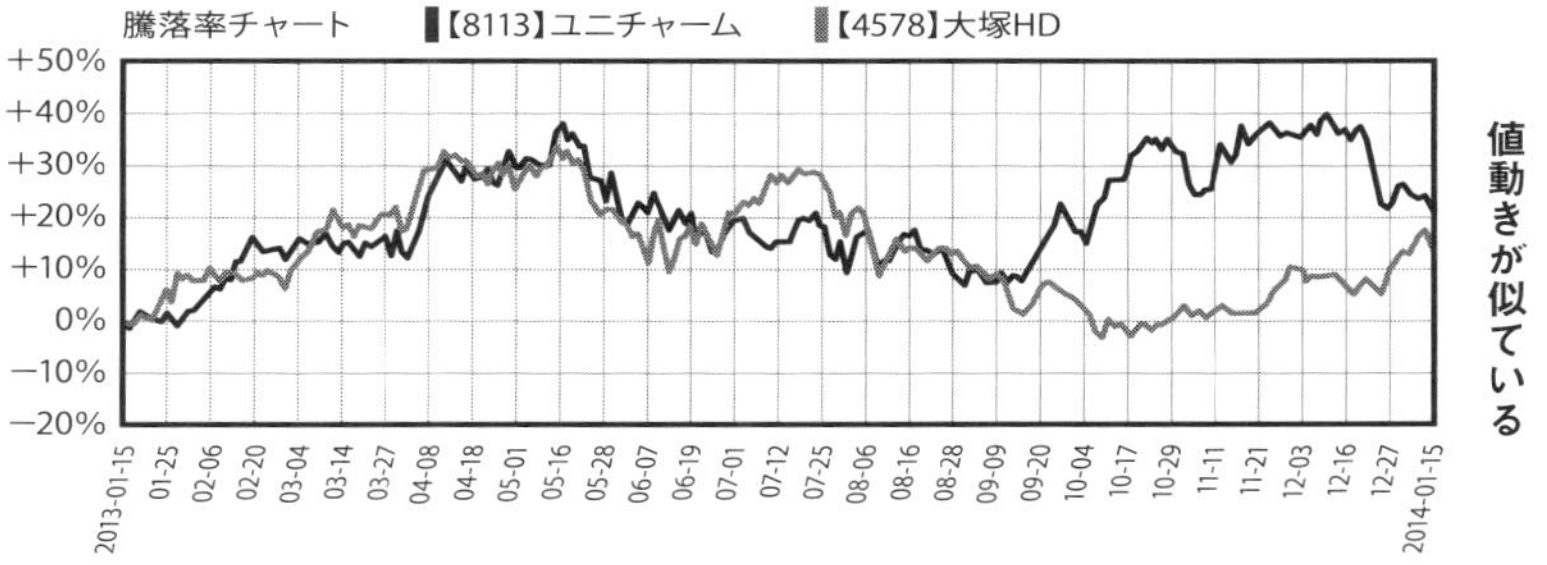

【8113】ユニ・チャーム 5610 円（100 株）【4578】大塚ＨＤ 2837 円（100 株）
相関係数 0.94 シグマ 2.25 サヤ比 1.98 移動平均乖離率 13.20% サヤ交差 19 回

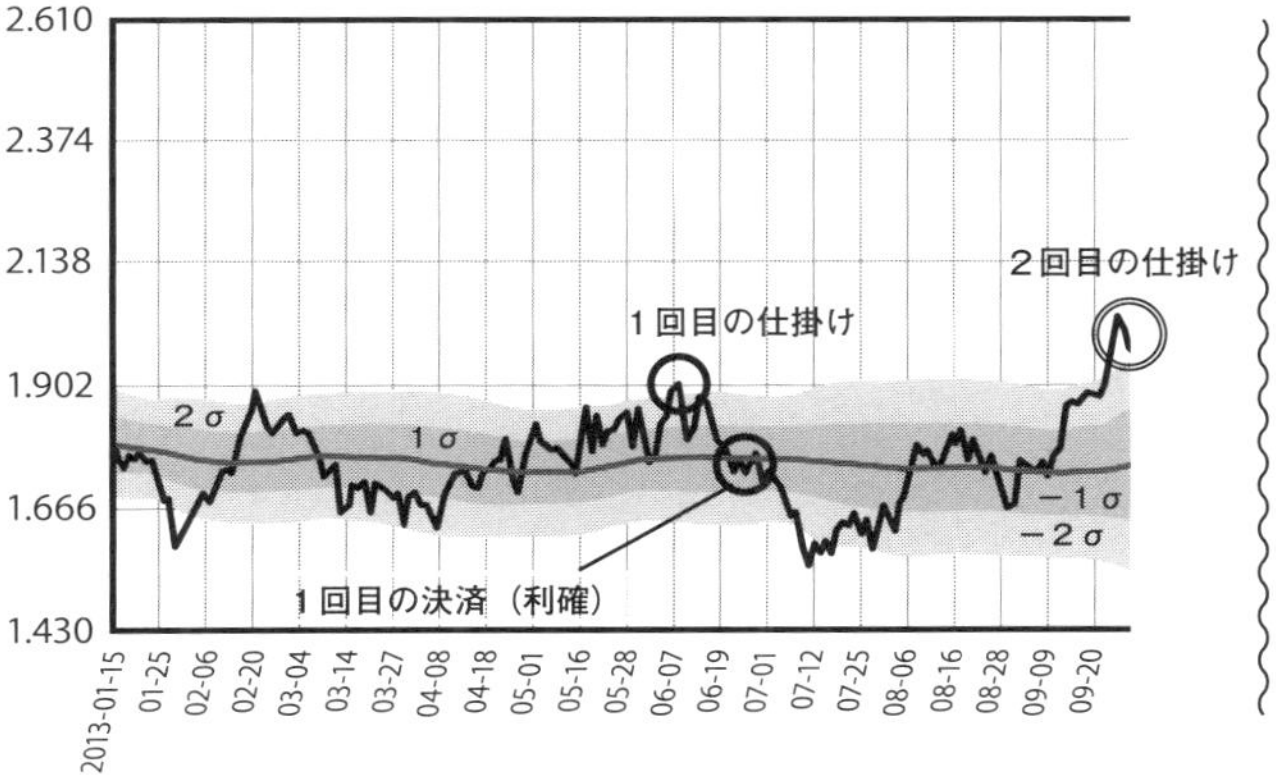

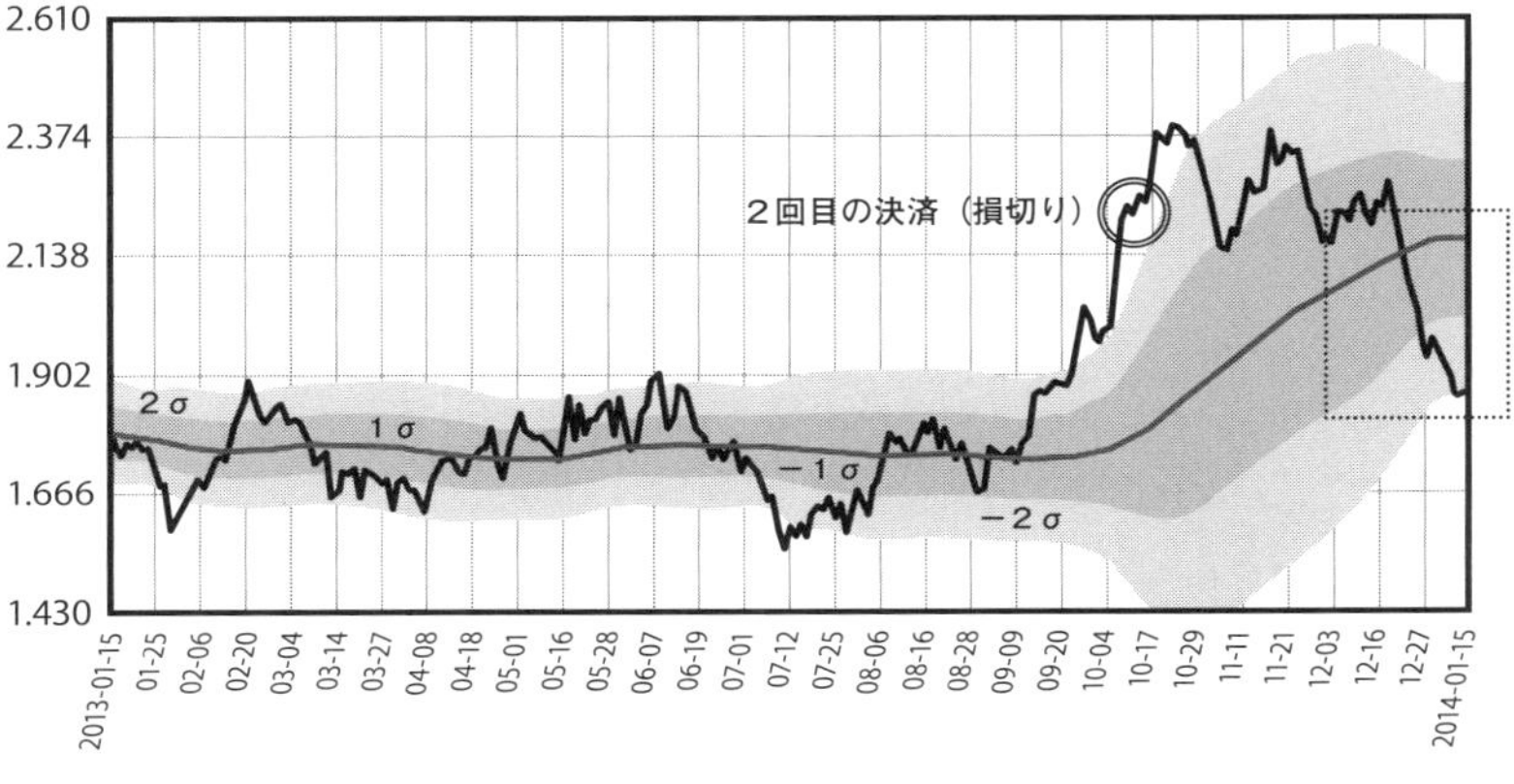

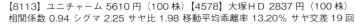

値方向に戻ったため、見事に利益確定できました。

二度目は10月2日です。平均値に向かう方向に仕掛けを行いますが、仕掛け後、数日で一気に損切り水準までサヤが広がりました。

その後もサヤは拡大します。もしも、損切りせずに保有していたら、大きなマイナスになり、胃が痛い思いをしていたことでしょう。

年をまたいで2014年まで保有していた場合（点線枠部分）、結果として元の位置まで戻ってきていますが、サヤ取り投資では、あらかじめ作成した決済のルールに従って必ず決済してください。そのルールとは次の2つです。

◎規定の損益になったら決済（±2・5％など）

◎規定の保有日数に達したら決済（最長保有日数1カ月など）

特別な理由や考えがない限りは、すべてご自身の売買ルールに従ってください。

2 平均乖離狙いの実例紹介

◆成功例その1
買い銘柄：トヨタ（7203）　売り銘柄：日産（7201）
保有期間：2013年7月31日～8月16日

1年以上、サヤが継続して拡大し続けている平均乖離の理想的なペアです。2銘柄の株価推移を比較した株価の騰落率チャートを見るとよりわかりやすいと思います。

同じ自動車という同業種の企業ですがトヨタと日産の株価を比べた際、トヨタの株価が継続して日産株価よりもパフォーマンスが良かった場合にこのようなサヤの推移を形成します。

このようにサヤが一方的に開き続けているようなペアに関しては、そのサヤの推移に逆らうことなく、そのサヤのトレンドに乗る方向に仕掛けを行う平均乖離を狙います。

平均回帰が±2σを起点にして反対方向に仕掛ける「逆張り」と考えた場合、平均乖離はサヤのトレンドに乗るので「順張り」のようなイメージになります。

1年以上継続してサヤは、一方向に推移しながらも、7月30日にサヤの移動平均線に近づいた位置から再度離れ始めたのを確認し、7月31日の寄り付きにて仕掛けを行います。

その後、予想通りにサヤは拡大を続けて平均値方向から乖離しました。特に大きな評価損になることもなく、8月16日に利益確定決済となった完璧なパターンです。

もし利益確定せずに継続して保有していればもっと収益を伸ばせたことになりますが、それはあくまでも結果論です。チャンスが来れば仕掛けはまたできます。欲張らずに「優位性のある売買」を継続することが大切です。

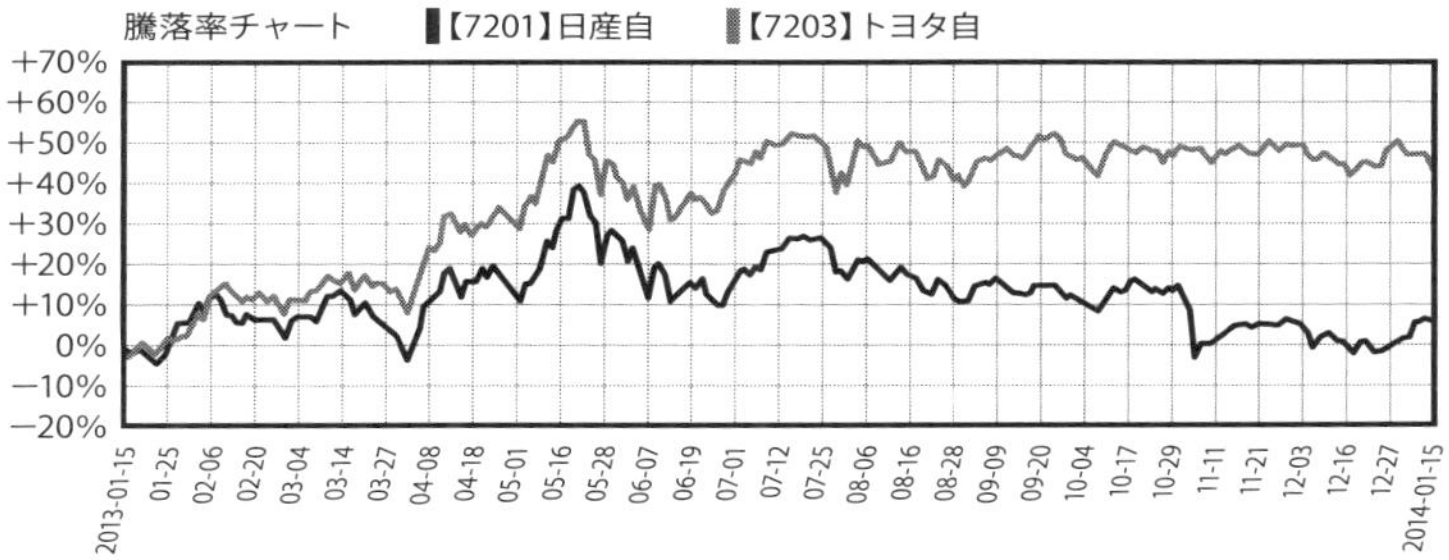

【7201】日産自 1046 円（100 株）【7203】 トヨタ自 6070 円（100 株）
相関係数 0.98 シグマ -0.85 サヤ比 0.17 移動平均乖離率 -2.97% サヤ交差 4 回

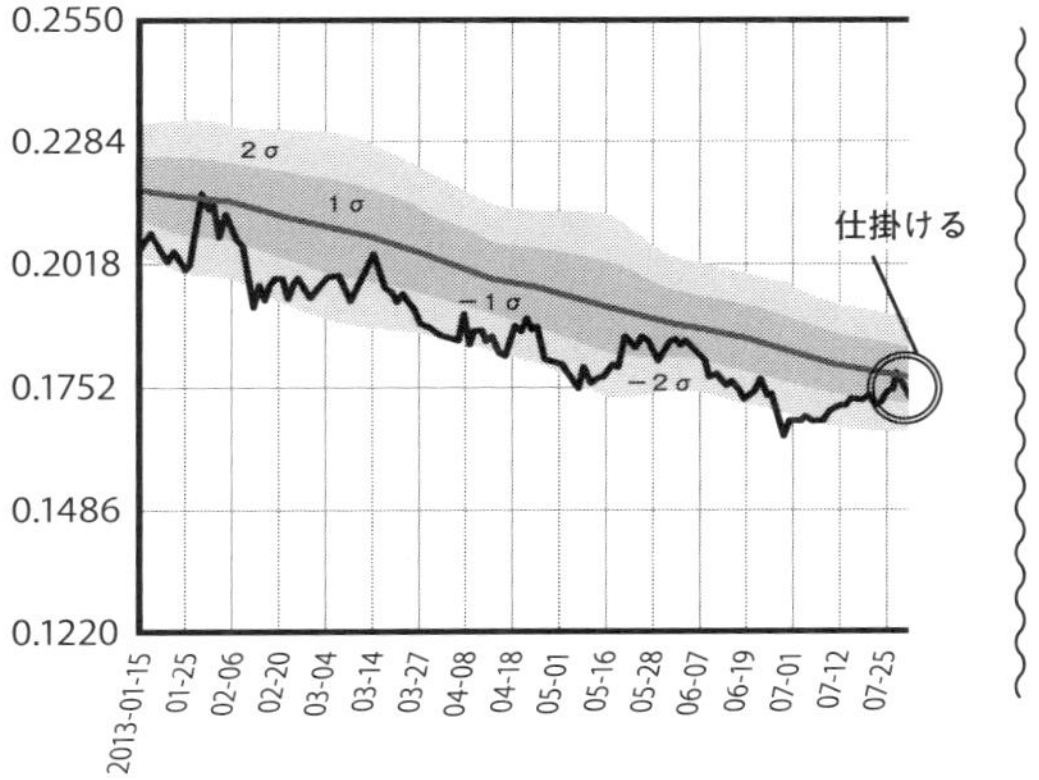

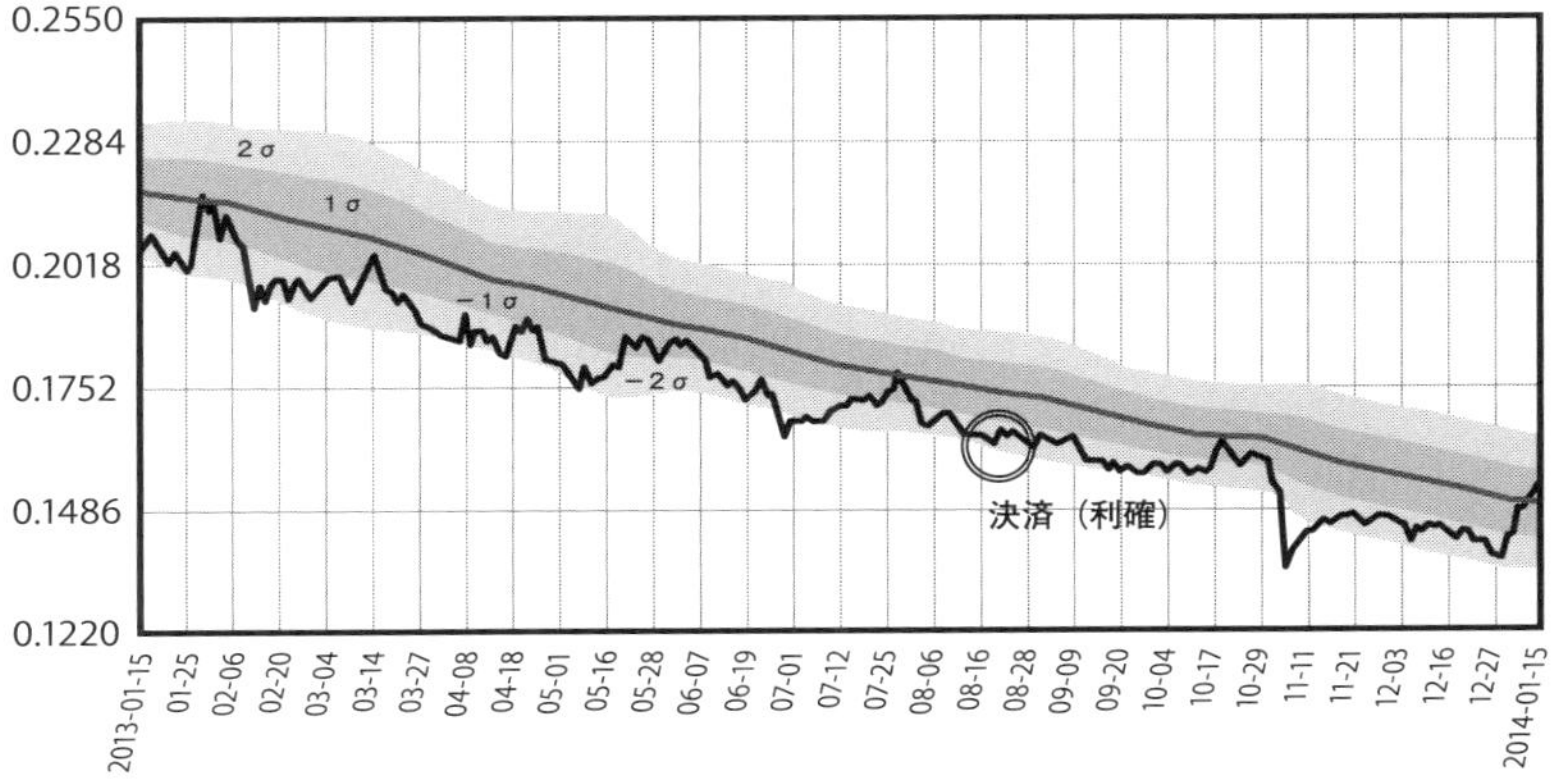

◆成功例その2
買い銘柄：ＪＲ東海（９０２２）　売り銘柄：ＪＲ西日本（９０２１）
保有期間：２０１３年３月７日～４月１１日

同業種の鉄道会社２社の乖離狙いのペアです。多少のうねりはあるものの、１年間で見ると、明らかに一方向にサヤのトレンドが発生していると言えるでしょう。ＪＲ東海のパフォーマンスがＪＲ西日本よりも高いと、このようなサヤの推移を形成します。

私は、ＪＲ東海、ＪＲ東日本、ＪＲ西日本の３社の株式の組み合わせは常日頃から意識的に確認しています。平均乖離で使う場合もあれば、平均回帰で使うことも可能な組み合わせです。今回のパターンは、平均乖離の成功例です。

ＪＲ３社の中でも、ＪＲ東海とＪＲ東日本と比較して、ＪＲ西日本は株価の推移が弱い傾向にありました。

仕掛けのタイミングとしては、少しだけ早かったと思うタイミングで行っています。一定期間サヤが

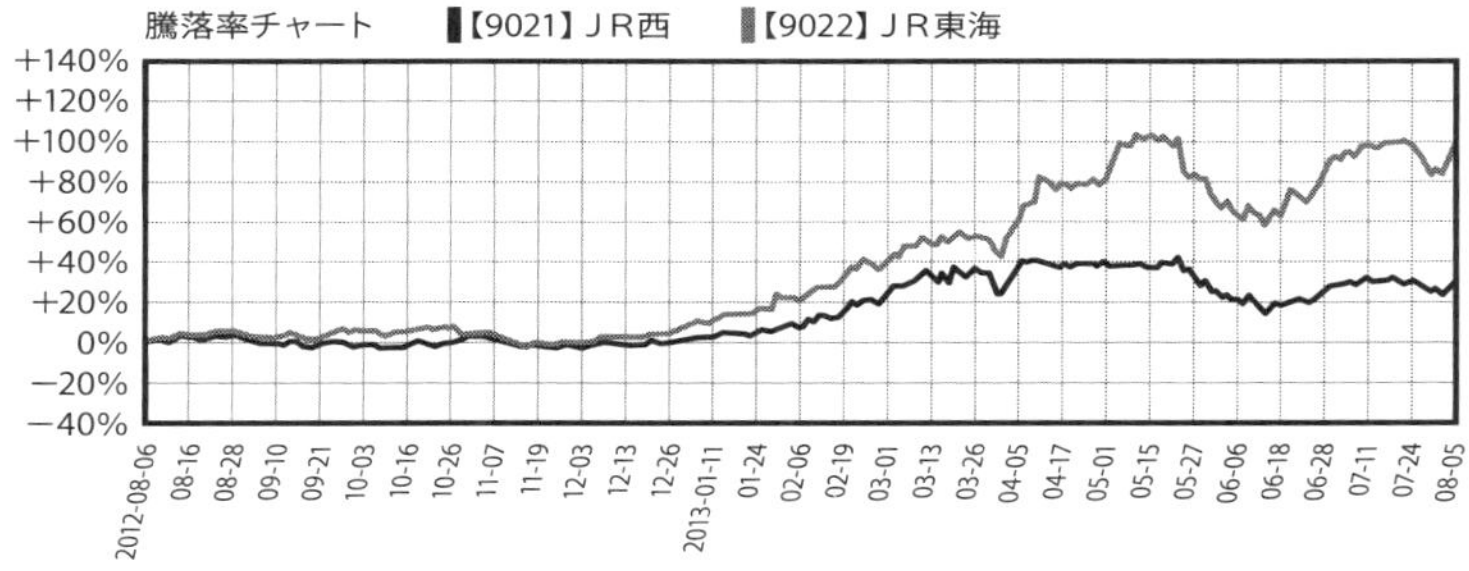

【9021】 ＪＲ西 4325 円（100 株）　【9022】 ＪＲ東海 9680 円（100 株）
相関係数 0.94 シグマ -1.40 サヤ比 0.45 移動平均乖離率 -6.77% サヤ交差 9 回

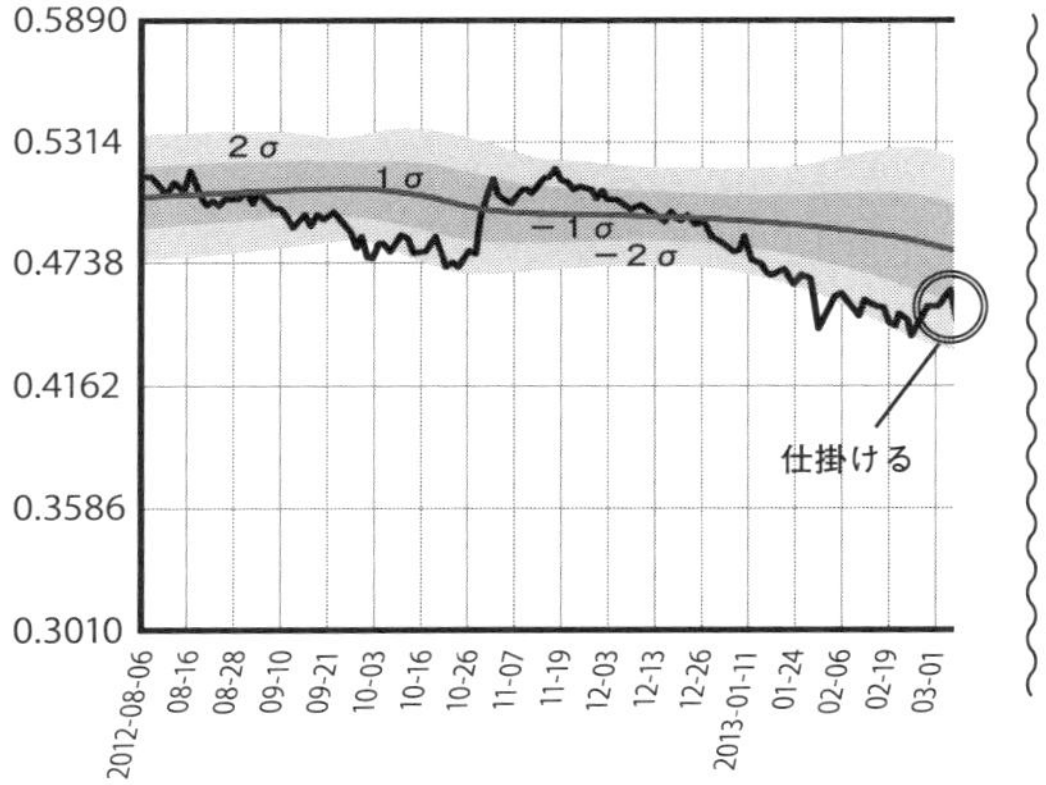

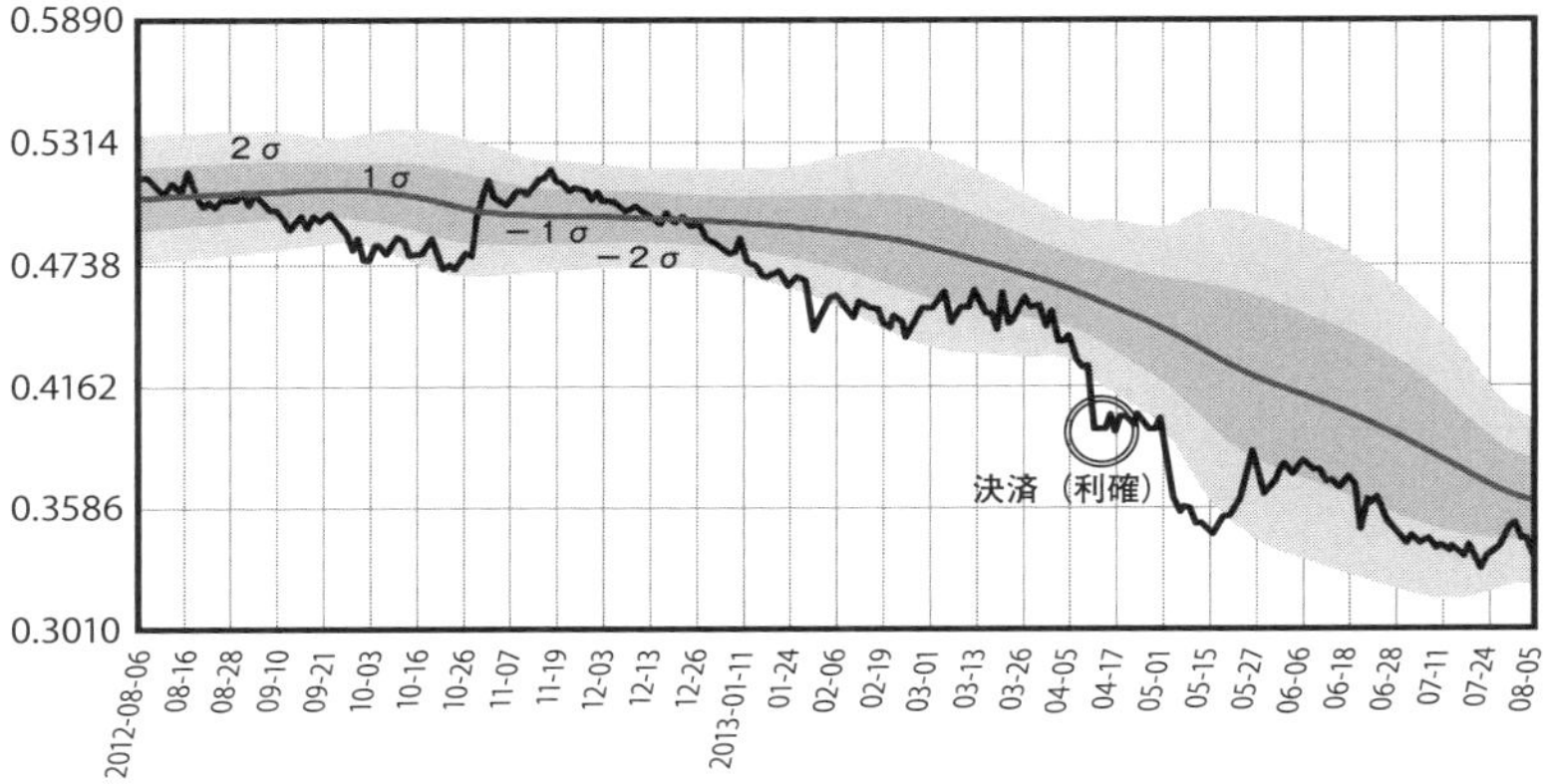

動かない日が続きましたが、結果的には、予測通りに大きくサヤが乖離したため、利益を獲得することができました。

保有期間が1カ月と数日というように、「最長保有1カ月」という私の決済ルールを破っておりますが、平均乖離狙いの場合、サヤにトレンドが発生し利益が伸びているときには焦ることもないので、利益を伸ばせるように慎重に決済しました。

サヤの推移で利益が伸びているときの利益確定の決済判断は、時として裁量で判断することもありますが、損失になっている場合には、ダラダラ伸ばして保有することはしません。常に、損小利大を意識しています。

◆成功例その3
買い銘柄：日本ペイント（4612）　売り銘柄：日本触媒（4114）
保有期間：2013年10月31日～12月3日

この事例は、10月31日に仕掛けを行った後、一度は評価損となりますが、損切り決済の基準に達す

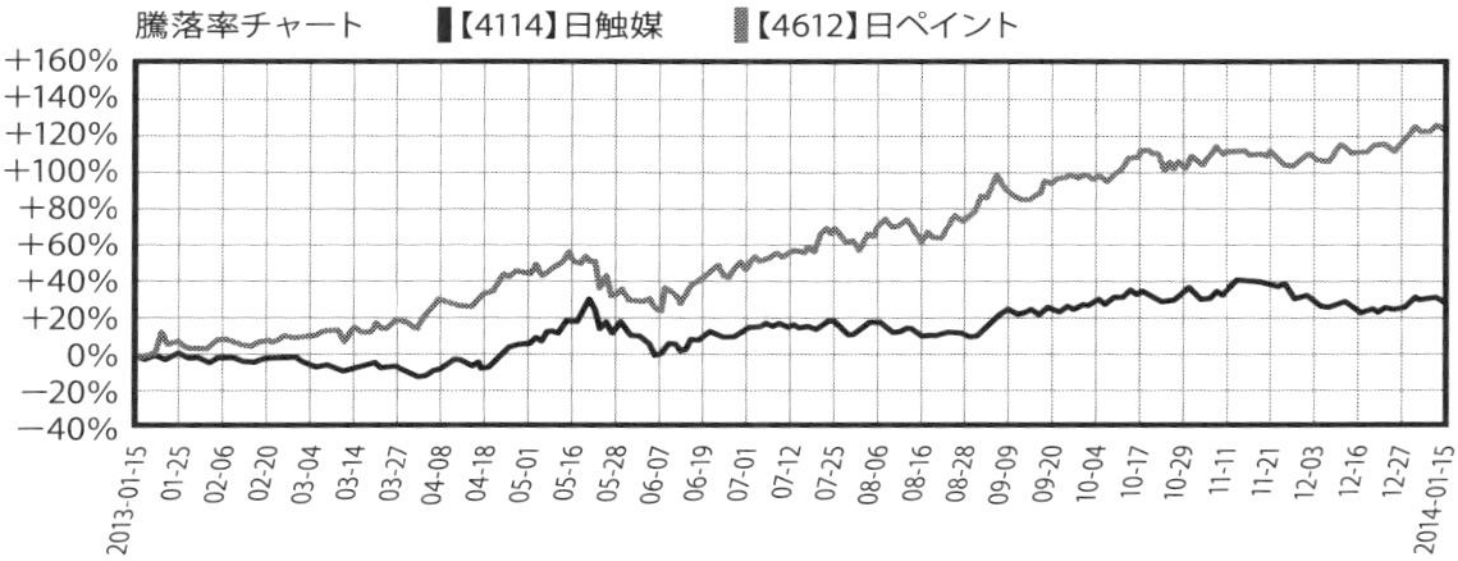

【4114】 日触媒 1229 円（1000 株）　【4612】 日ペイント 1656 円（1000 株）
相関係数 0.93 シグマ -0.27 サヤ比 0.74 移動平均乖離率 -1.33% サヤ交差８回

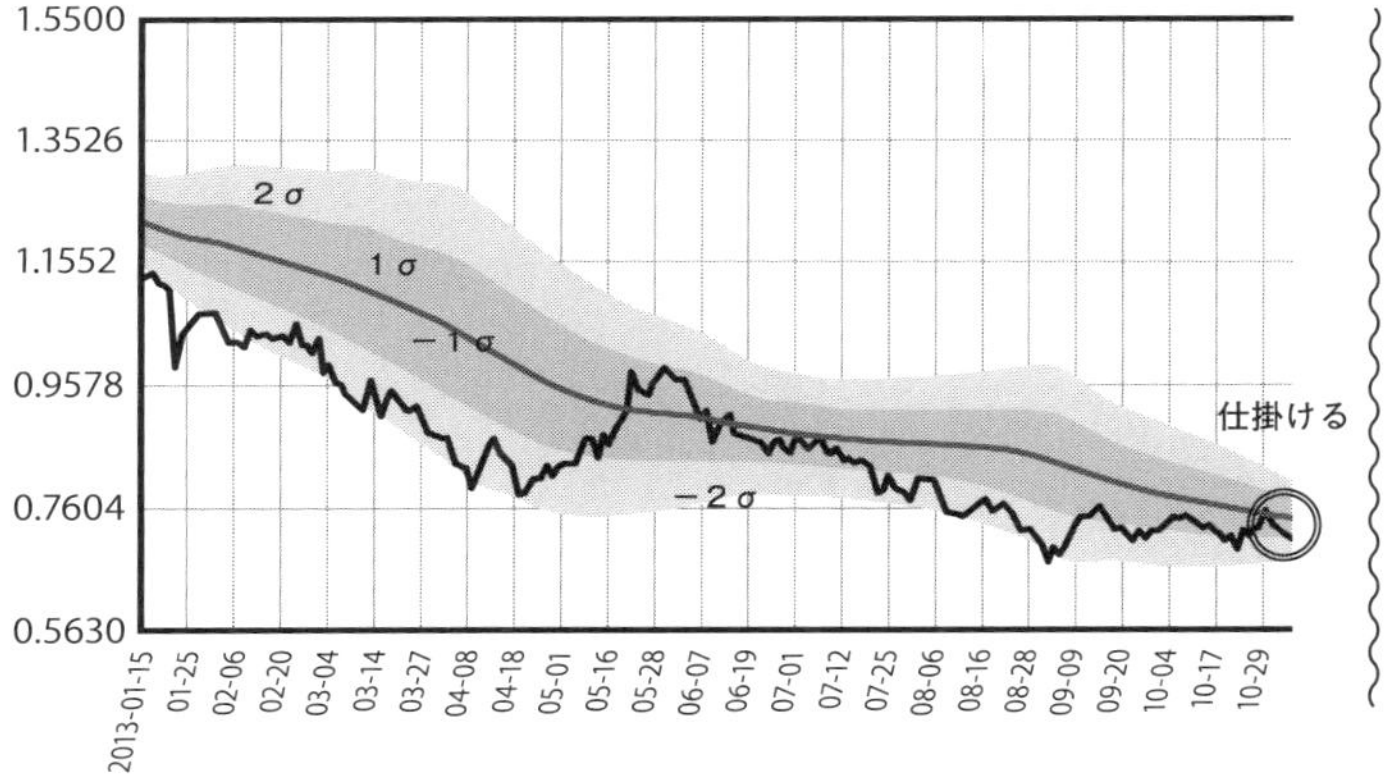

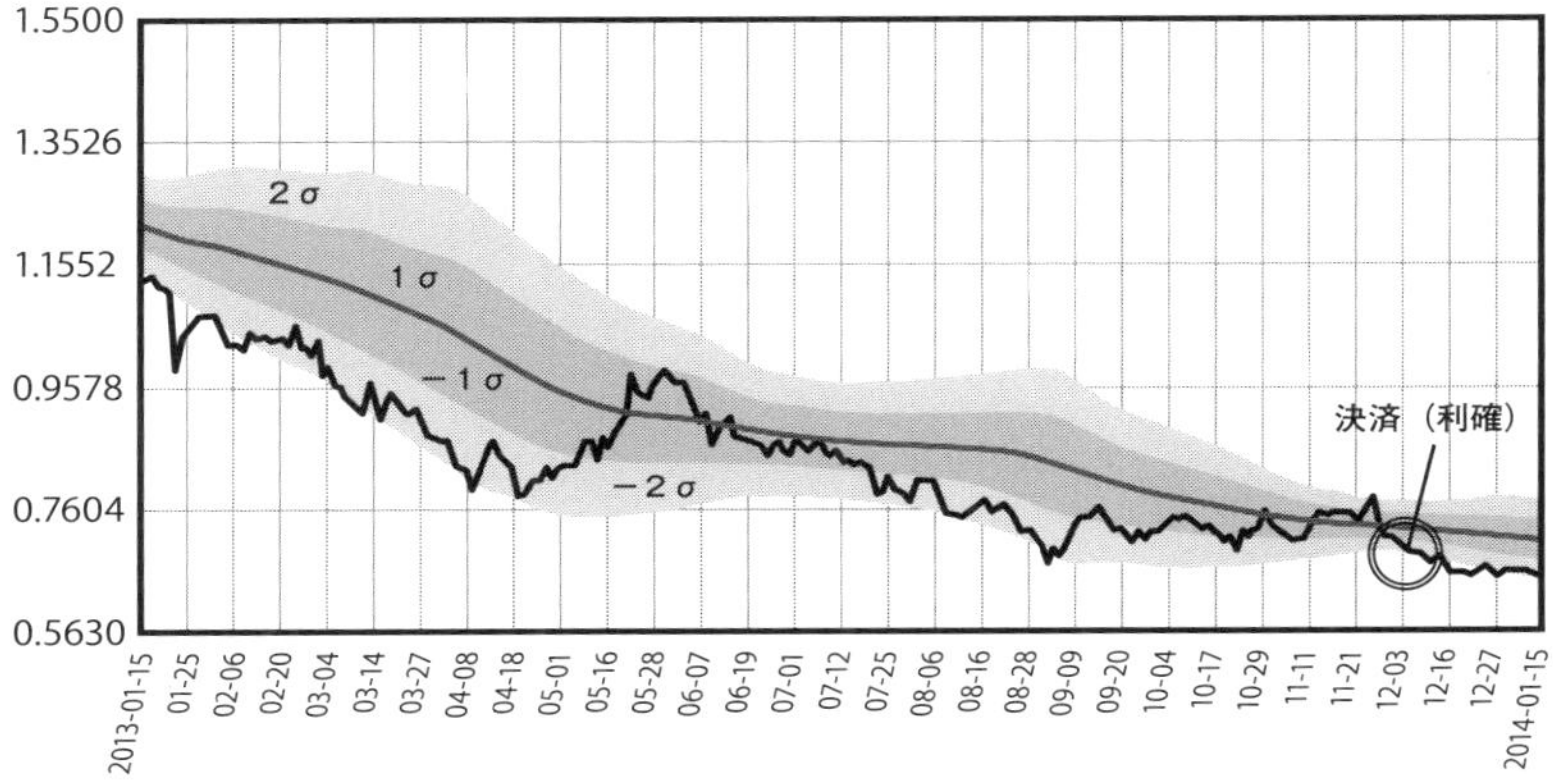

ることなく、最終的に利益確定できた逆転パターンです。

今回は運良く予想通りの方向に動いてくれたので良かったですが、このままサヤのトレンドが転換してしまう可能性も、もちろんあります。予想した方向に推移せずに損切り水準に達した場合には、諦めて損切りを行うのが鉄則です。

◆失敗例その1
買い銘柄：KDDI（9433）　売り銘柄：NTTドコモ（9437）
保有期間：2013年7月23日～8月16日

同業種の携帯会社の平均乖離狙いの失敗例です。

年間を通して、サヤは一方向に推移。NTTドコモよりもKDDIが継続して強い相場でした。仕掛けを行ったタイミングも最適とは言えないですが、決して悪かったとは思っておりません。

実際に一時的に評価益が出ている期間もありましたが、、8月6日からトレンドは一気に変わりマイナスに転じて、結果的に8月16日に損切り決済となりました。

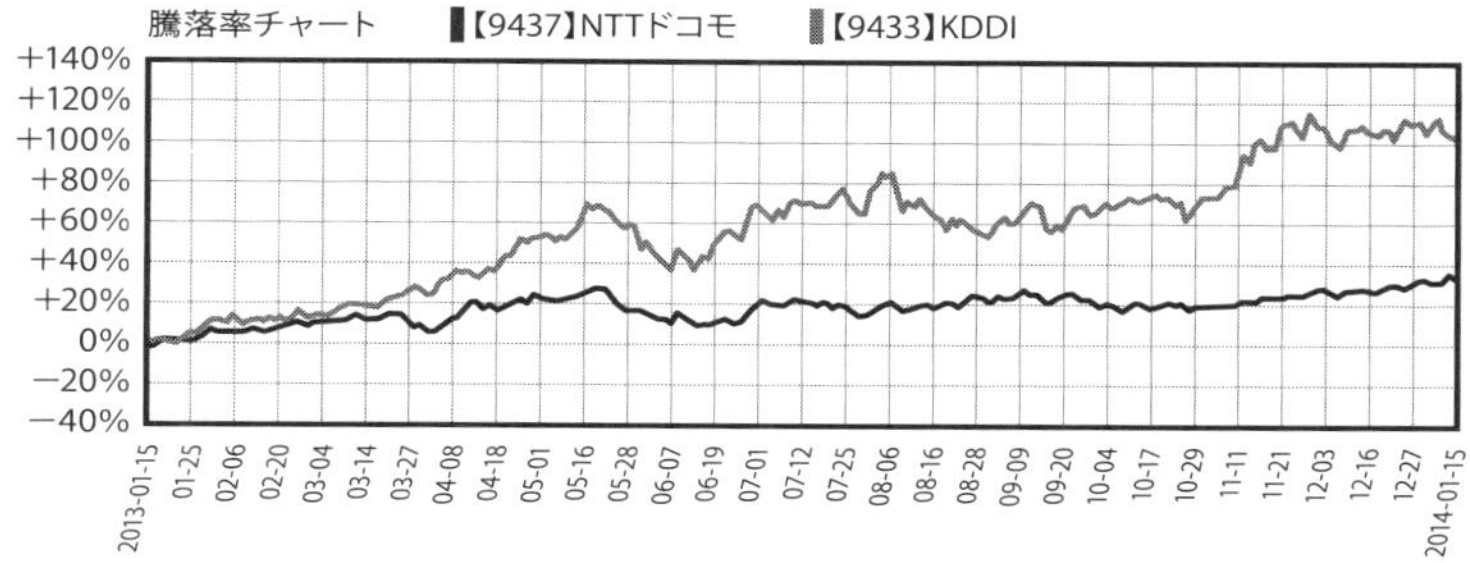

【9437】ＮＴＴドコモ 1534 円（100 株）【9433】ＫＤＤＩ 5250 円（100 株）
相関係数 0.9 シグマ -1.7 サヤ比 0.3 移動平均乖離率 -11.3% サヤ交差５回

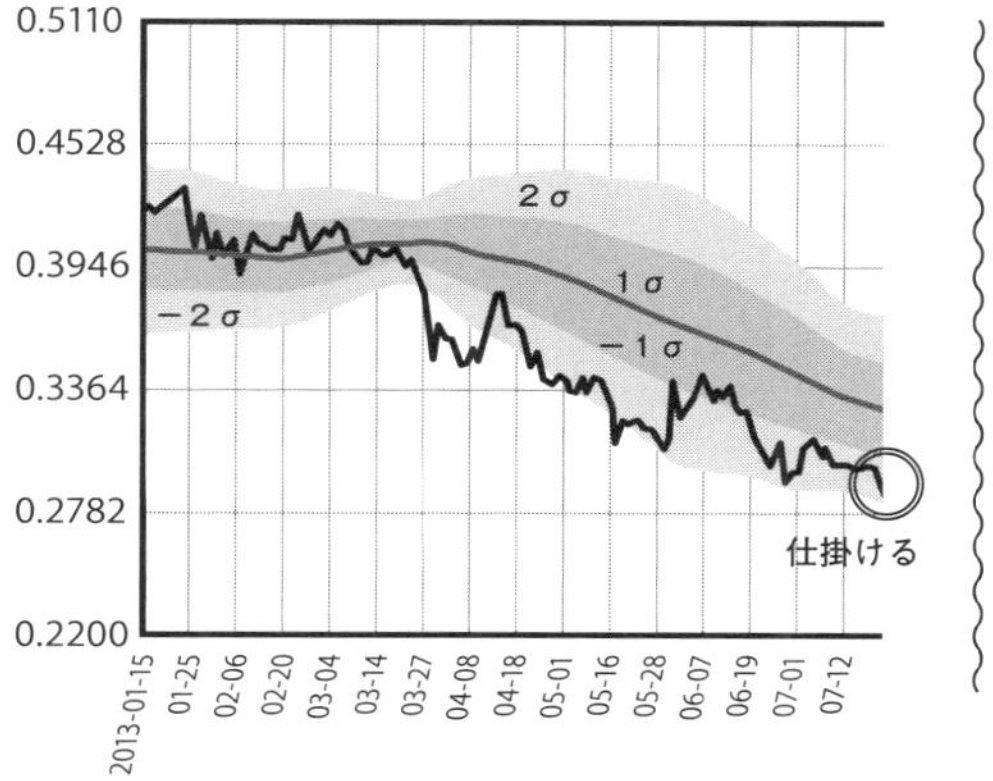

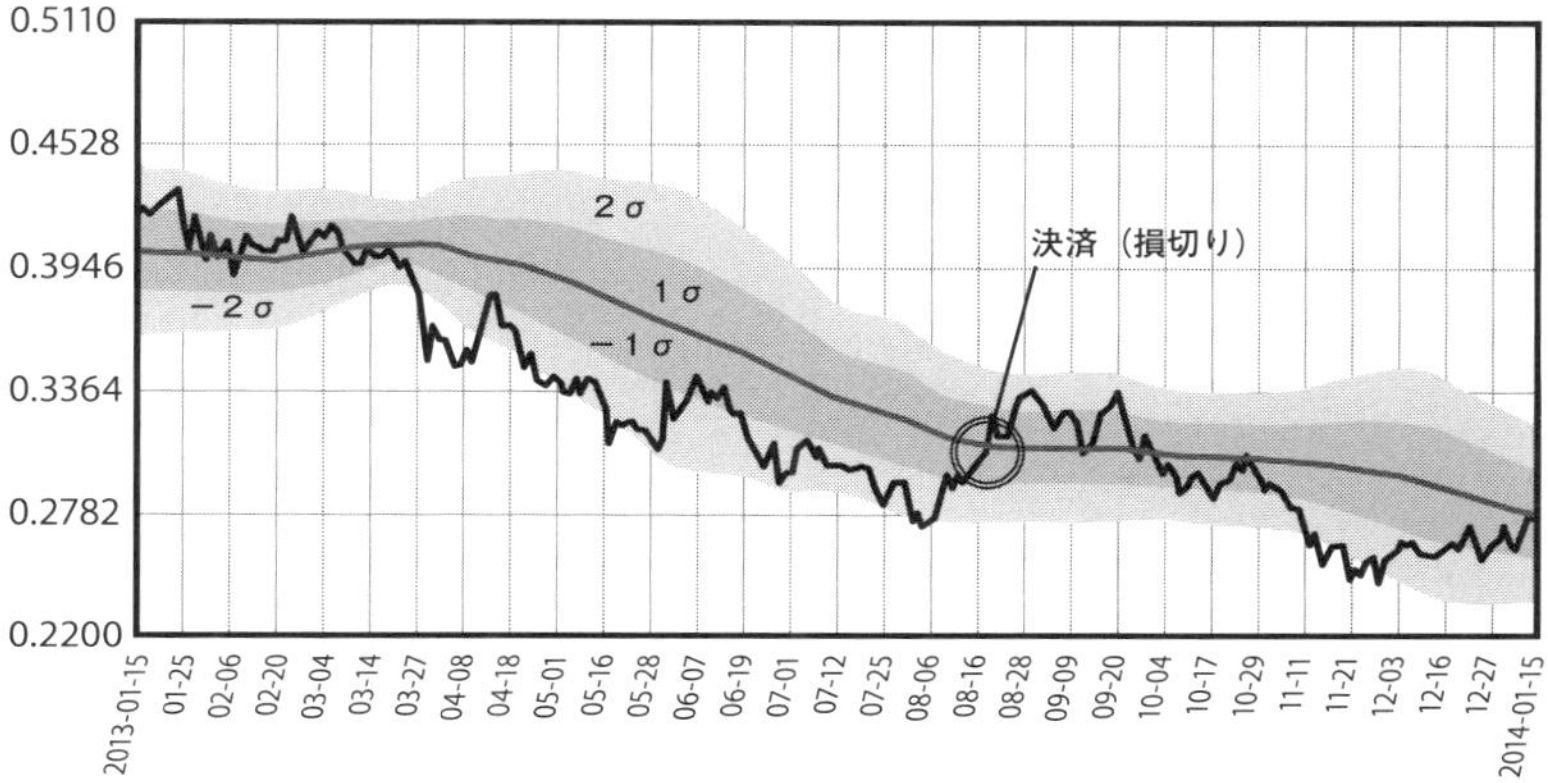

その後もサヤが拡大していましたので、この損切り決済の判断について、私は正解と考えています。投資では、運良く勝てることもあれば、運悪く負けることもあります。その負けをいちいち悔いても仕方ありません。

運悪く負けることも、運良く勝つことも、その確率は五分五分と考えてください。負けたときでも素直に気持ち良く損切りして、次の売買に向けて気持ちを切り替えましょう。この損切りに対する諦めや切り替えは、個人投資家にとって大きな課題のひとつです。

◆失敗例その2
買い銘柄：三菱電機（6503）　売り銘柄：日立（6501）
保有期間：2013年12月20日～2014年1月8日

反省が多い大失敗と言える事例です。しかし、悪い例として、とても良い参考になります。実際にサヤ取り投資を行うときのヒントにしてください。

サヤチャートの形を見ていただくとわかるように、サヤの推移には、ある程度の定期的な往来があり

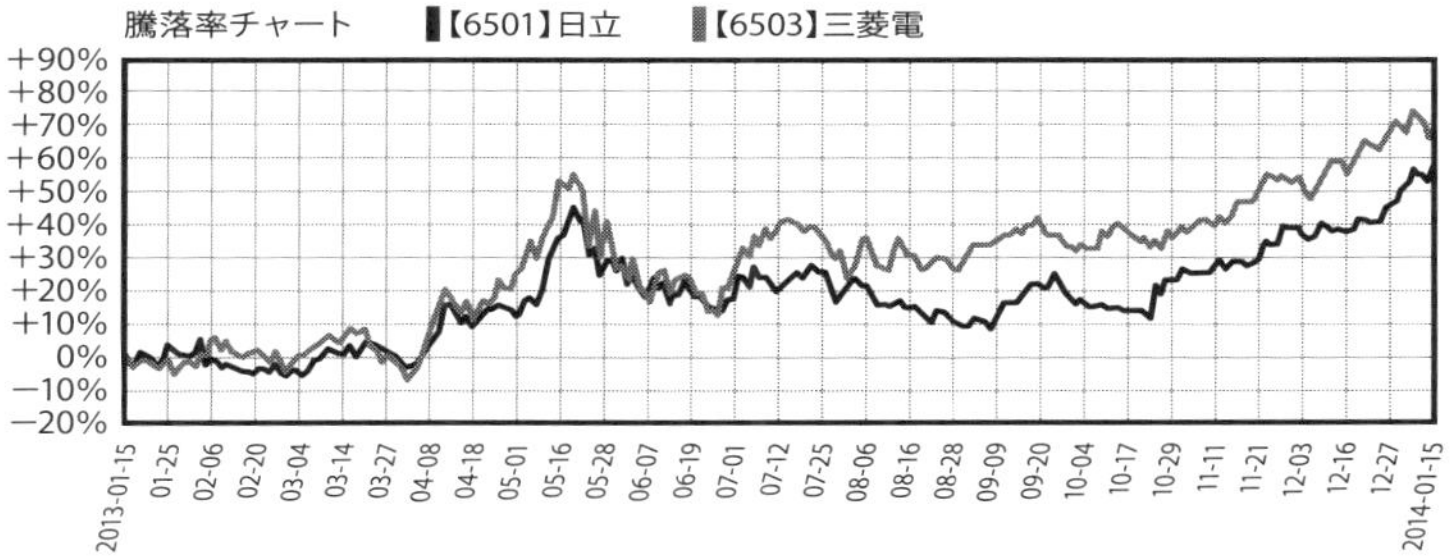

【6501】日立 769円（100株）　【6503】三菱電 1275円（100株）
相関係数 0.93 シグマ -0.55 サヤ比 0.60 移動平均乖離率 -1.76% サヤ交差 28回

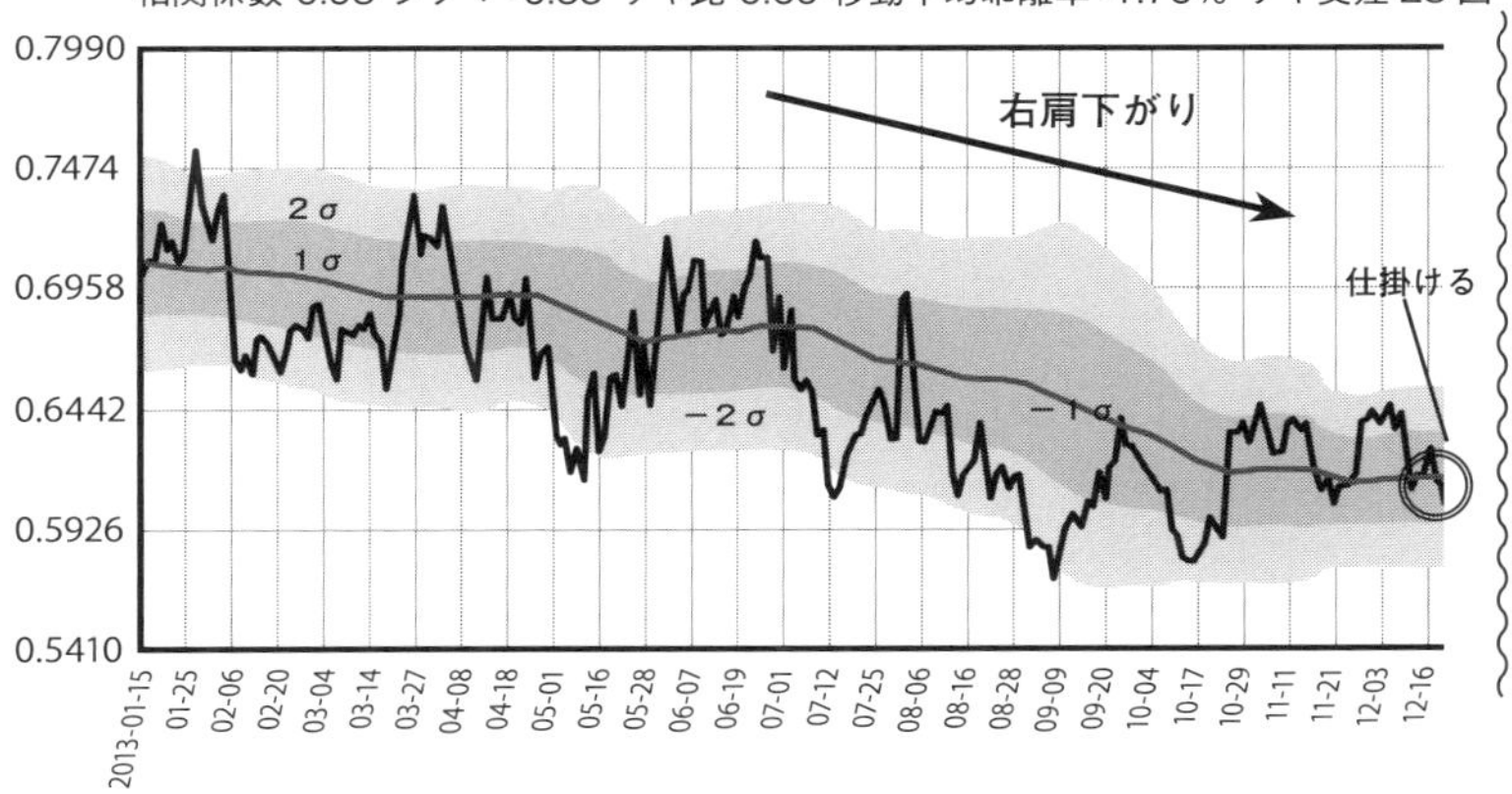

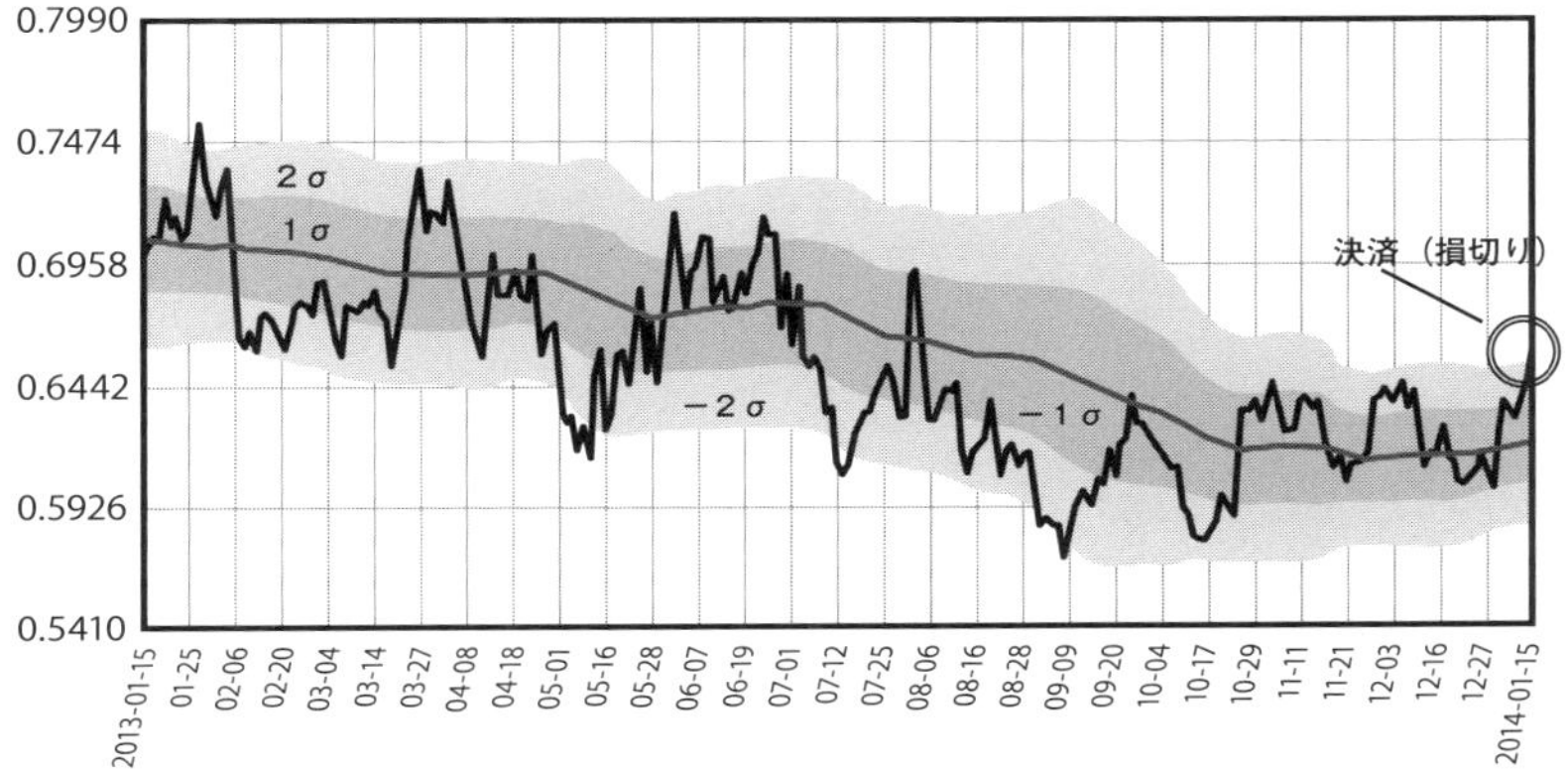

ます。ということは、平均乖離狙いではなく、平均回帰狙いに使えそうなペアです。

しかし、今回のケースについては、あるひとつの考えから、平均乖離狙いを選択してしまいました。

このペアを選んだ理由についてお話しします。サヤチャート上のサヤの移動平均線を見ていただくとわかるように、定期的なサヤの往来があるものの、長期的にみると、サヤ移動平均線は右肩下がりになっています。

この右肩下がりのトレンドを利用して利益を取ることができないかと考え、移動平均線を下回ったタイミングで乖離方向に仕掛けを行いました。

その後、すぐに反対方向にサヤが推移したため、損切り決済となります。ペア選定の甘さを反省したトレードです。

今回は、平均乖離狙いで失敗しましたが、サヤのトレンドが発生している方向に仕掛ける考え方は平均回帰においても活用できるものです。

定期的なサヤの往来があるペアでも、今回の例のように、長期的なサヤのトレンドがどちらか一方に片寄りがある場合には、その片寄りの強い方向に向けて平均回帰を仕掛けるほうが勝率は上がります。

今回のペアの場合ですと、長期的なサヤのトレンドは右肩下がりですので、マイナス２σから仕掛けて回帰を狙うよりも、プラス２σから仕掛けたほうが勝率は高くなるイメージです。

サヤ移動平均線がまっすぐに走っている場合には使えませんが、サヤのトレンドに片寄りがある場合には、平均回帰狙いにおいて活用してみてください。

第5章

サヤ取り投資の応用

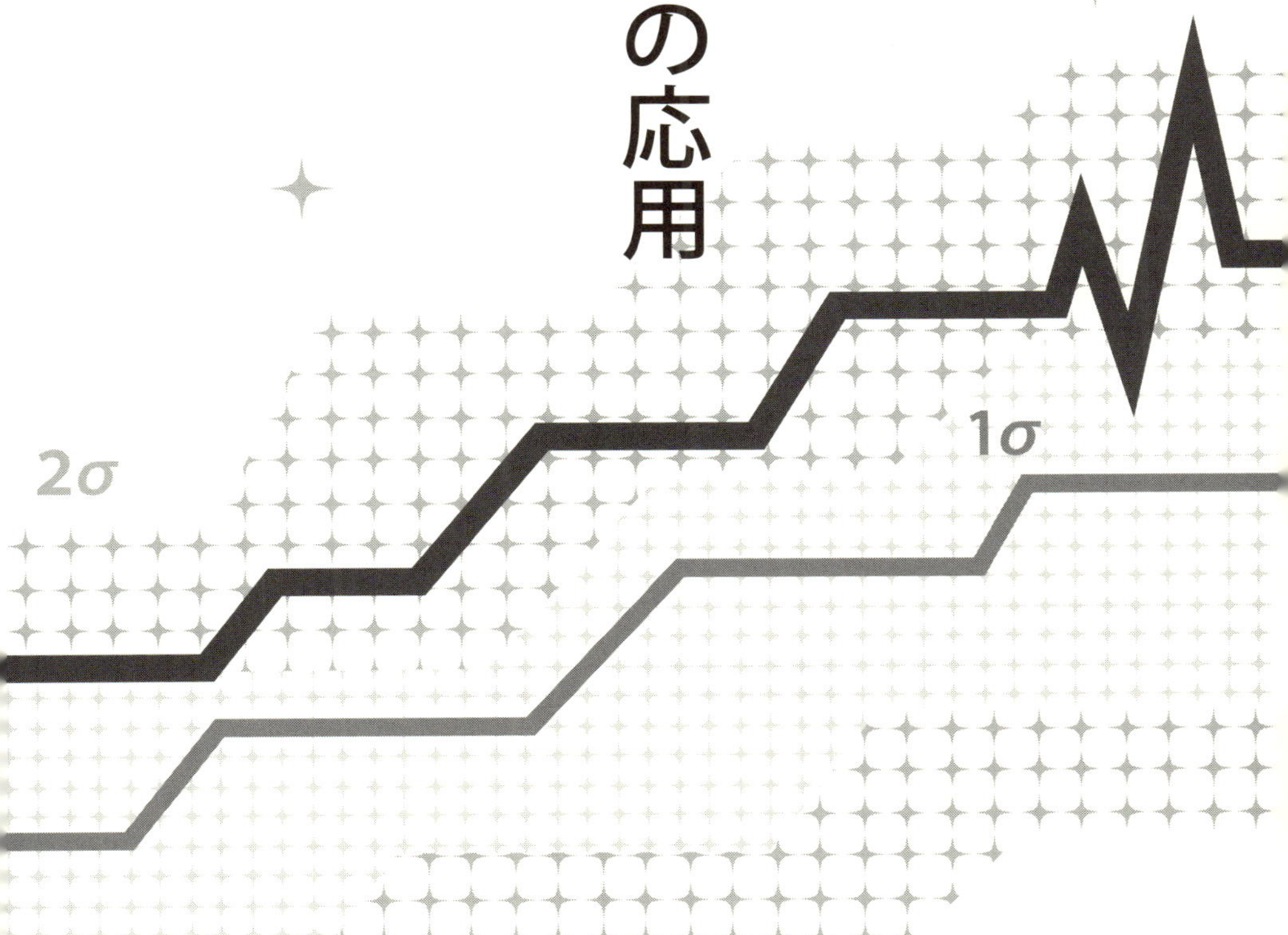

1 「指数」×「個別株」を使った戦略

サヤ取り投資の原理である「買い」と「売り」を同時に保有する両建て売買を行うことによって、これまでご紹介したサヤの法則性を利用した両建て売買以外にもさまざまな投資戦略を組むことが可能です。

第5章では、個人投資家でも可能なサヤ取り投資の応用について、ご紹介させていただきます。

これまで「個別株」×「個別株」をペアに両建てして、サヤを取る手法をメインに解説をしてきましたが、実際にサヤ取り投資を行う場合には、必ずしも個別株にこだわる必要はございません。

第2章のアウトパフォーム・アンダーパフォームの節で少しお話ししたように、買い銘柄を「個別株」にして、もう一方の空売り銘柄は「日経平均株価」のような指数にしても、サヤ取り投資は行えます。

例

トヨタ株を「買い」日経平均株価を「売り」

買い銘柄の「トヨタ株」の騰落が、日本の株式市場の平均の値動きを表す「日経平均株価」の騰落を上回れば利益を出すことができます。反対に、軟調な銘柄であれば「個別株」を空売りして「日経平均株価」を買うことで収益を狙っても構いません。指数の騰落を上回りそうな銘柄や、逆に下回りそうな銘柄を発見した場合にはご活用ください。

将来的に値上がりや値下がりが期待できる銘柄は、通常ですと、その銘柄を片張りするのが一般的です。しかし、相場の上下は誰にもわからない以上、片張りはリスクの大きい方法と言わざるを得ません。だからこそ、指数でヘッジをかけることに意味があるのです。指数でヘッジをしておけば、より安定した運用を行うことができるからです。

「指数」の代表的な例としては、「日経平均株価」「ＴＯＰＩＸ」などが挙げられます。もちろん、その他にも指数はたくさん存在しています。

指数はＥＴＦという形で株式市場に上場されており、通常の個別銘柄と同じように売買することができます。貸借銘柄になっているＥＴＦであれば空売りすることも可能です。ＥＴＦを使えばすべて株式の特定口座内で損益を通算することができます。

例えば、業種連動型のＥＴＦを使うことで「銀行株連動型ＥＴＦを買い、個別銀行株を空売りする」というような組み合わせも可能です。

例　銀行上場投信を「買い」みずほＦＧを「売り」

株式投資を行っていると、企業の不祥事の発覚など、株価に大きな影響を与えるニュースに出合うこともあります。そのときには、その企業を空売りして、その業種全体のＥＴＦを買うことでサヤを取ることもできます。ある材料によって株価が下落する要因をはらんでいる企業が、その業種全体の値動きを表すＥＴＦの指数に勝てるケースはまれです。そういう突発的なイベントに対応した戦略も組めるのです。

【日経平均株価・TOPIX連動ETF】

1305　ダイワ 上場投信-トピックス
1306　ＴＯＰＩＸ連動型上場投資信託
1308　上場インデックスファンドTOPIX
1320　ダイワ上場投信－日経225
1321　日経225連動型上場投資信託
1330　上場インデックスファンド225

【業種連動型ETF】

1618　エネルギー資源上場投信
1619　建設・資材上場投信
1620　素材・化学上場投信
1621　医薬品上場投信
1622　自動車・輸送機上場投信
1623　鉄鋼・非鉄上場投信
1624　機械上場投信
1625　電機・精密上場投信
1626　情報通信・サービスその他上場投信
1627　電力・ガス上場投信
1628　運輸・物流上場投信
1629　商社・卸売上場投信
1630　小売上場投信
1631　銀行上場投信
1632　金融上場投信
1633　不動産上場投信

【商品価格連動型ETF】

1328　金価格連動型上場投資信託
1671　WTI原油価格連動型上場投信
1699　原油インデックス上場

単純に片張りで空売りを行った場合、市場全体が大きく上昇している相場の中では、期待する結果を得られないかもしれません。仕掛けるタイミングが遅かった場合には損失になる可能性もあります。

しかし、両建てすれば、そのような当たり外れの要素はなくなります。さらに、業種連動型ＥＴＦを使うことによって「銀行ＥＴＦ」×「不動産ＥＴＦ」のような異業種間での両建て売買も可能になるのです。例えば、株価の上昇が堅調な業種のＥＴＦを買い、軟調な業種のＥＴＦを空売りすることでサヤを取ることもできます。

輸出企業が多い日本においては、円高になれば株価下落、円安になれば株価上昇という公式がありますから、「為替」と「日経平均株価（※為替変動との相関性が高い）」のペアを作ることも可能です。

このように、サヤ取り投資では、個別企業同士に限らずに、一定の相関関係があるペアにおいては、さまざまな形で両建て売買を行うことができます。

投資対象はいろいろあります。ある２銘柄の価格変動をサヤに表示したとき、そのサヤの推移に法則性が発見できたならば、ぜひともその２銘柄を両建てさせて、サヤ取り投資を行ってください。

2 ロングショート戦略

ロングショート戦略は、ヘッジファンドが行う投資戦略の中でもっとも代表的なものです。サヤ取り投資の仕組みを理解した、株式投資に自信のある個人投資家であれば十分に実践可能です。

これまでに本書でご紹介させていただいたサヤ取り投資の戦略は、相関性の高い２銘柄においてサヤの周期や法則性を利用して利益を狙いにいくテクニカル的な手法でした。個別企業のファンダメンタルを無視して、過去のサヤの周期と現在のサヤの位置から今後のサヤの推移を予想する方法です。

しかし、ロングショート戦略は、少し違います。まず２銘柄をペアやサヤとは考えません。あくまでも個別企業に焦点を当てて、複数の企業を両建てで保有するポジションを取ります。

具体的なポジションの持ち方としては、次のようなイメージになります。

◎株価が上昇すると予想した銘柄を「買い」
◎株価が下落すると予想した銘柄を「売り」

今後、株価の上昇が期待できると判断した銘柄を複数買いながらも、一方で下落が予想される銘柄を複数空売りして、「買い」と「売り」を同時に保有する両建ての状態を常に維持します。同じ日本の株式市場に上場しているので一定のヘッジの効果も期待できます。さらに、個別銘柄の株価推移が予想通りの動きとなれば利益も狙える戦略です。

保有する銘柄数が多いほど、ポートフォリオ全体の損益推移は穏やかになり、安定した運用ができるようになりますから、ロングショート戦略の場合、買い銘柄10銘柄・売り銘柄10銘柄のように複数の企業に投資することも珍しくありません。

さらに、ロングショート戦略の場合には組み合わせもいろいろ考えられます。例えば、買い銘柄10

銘柄に投資して、売り銘柄は日経平均株価などの指数で行うことも可能です。そのほか、上昇相場のときには、買い６、売り４のように、投資金額に比率をつけて、相場トレンドによって売買の比率を調節したりもします。

ただし、どんなに勢いのある上昇相場だとしても、買い１０、売り０のような片張り状態にはせず、常にヘッジをしながら投資を行います。このように、ロングショート戦略では、株式相場の環境に合わせて、さまざまな対応策を練ることが可能なのです。

サヤの推移の法則性を利用するテクニカルではなく、あくまでも個別銘柄について詳しくなければできない投資手法ですが、個別銘柄について詳しいのであれば、個人でもできます。自身の職業に関する分野や趣味といった興味のあるテーマにおいては、その個別企業の情報を早く手に入れることができるでしょう。世間が注目していない間に仕掛けを行っておくのもひとつの戦略となります。

ヘッジファンドが行っているロングショート戦略を、自らの証券口座で実践してみてください。

3 株主優待をお得に手に入れる方法

両建て売買を使うことでできる株式投資の裏ワザをひとつご紹介します。裏ワザといっても、現在では、株式投資を行っていれば知っていて当然のレベルにまで知れ渡ってしまったものです。

その裏ワザとは株主優待をお得に手に入れる方法です。この裏ワザは、参加者が増えれば増えるほどうま味は薄れてしまうため、正直なところ、最近ではほとんどメリットがなくなったように感じていますが、両建て売買の応用の参考としてお読みください。

株主優待とは、企業が株主に対して感謝の意味を込めて贈るプレゼントのようなものです。株主優待は、その企業の自社製品や商品券など、いろいろ異なります。

食品メーカーの場合ですと、その企業の代表的な食品が送られてきたり、飲食店の場合にはお食事券がもらえるなど、株主優待は日常生活で使えるものがほとんどです。内容によってはお金に換算した場合、利回りが１０％近くになるものも存在しています。

この株主優待を、両建て売買を利用することでお得に受け取ることができるのです。具体的には、企業決算の権利付き最終日に個別企業の株式を両建てさせて価格下落による損失リスクをなくし、株主優待を手に入れるという方法です。

株主優待を受け取るためには、権利付き最終日（権利確定日の3営業日前）にその企業株式を保有している必要があります。

権利付き最終日に該当する株式を現物で買い、一晩過ごせば、「株主優待」と「配当金」をもらう権利が発生します。現物の株式を保有するのは1日だけで構いません。翌営業日に売却してしまっても問題はありません。権利付き最終日に1日だけ株主になると、約3カ月後に「株主優待」と「配当金」を受け取ることができます。

しかし、権利付き最終日に1日だけ現物株を保有して「株主優待」と「配当金」をもらおうとしても、実際はうまくいきません。なぜならば、多くの投資家が同じことを考えて、権利付き最終日の翌営業日に一斉に現物の株式を売却するからです。要するに、翌日の寄り付きでその企業の株価が下落するわけです。株主優待を目的に1日だけ株式を買い、翌営業日に大きく株価が下落して損失を出してしまっては意味がありません。そこで、翌営業日の株価下落を見越して、株主優待を狙う個別企業の株式を同じ株数で「買い」と「売り」の両建てにしておきます。株主優待と配当金の仕組みの公式は以下の通りです。

◎現物買い＝「株主優待」＋「配当金」がもらえる
◎空売り＝「配当金相当額」を支払わなければならない

まったく同じ銘柄で同じ株数ずつ両建てするので価格変動のリスクは一切ありません。翌日に株価が大幅下落しても大丈夫です。

配当金については、現物買いの場合はもらえますが、空売りの場合は配当金相当額を支払う必要が出てくるため、相殺されてしまいます。

現物買い　　　　　　　　　　空売り
（株主優待＋配当金）－（配当金）＝株主優待

その結果、株主優待だけ手元に残る形になるのです。この裏ワザの基本コストは株式の売買手数料のみです。ネット証券で注文を行えば売買手数料も安いので、手数料の金額よりも価値のある株主優待を手に入れたいのであれば、お勧めの手法です。

ただし、ひとつ注意すべきことがあります。それは、「逆日歩」の存在です。空売りをする株数が増加した場合、証券会社は不足する株式を調達します。その調達コストが逆日歩（品貸料）と呼ばれるもので、空売りを行う投資家が負担する必要があるのです。

逆日歩は、空売りした翌日にならないと発生するのかどうかわからないうえ、人気の株主優待の企業では、この手法を使って両建て売買をする投資家が増加している傾向もありますから、権利付き最終日の銘柄には、逆日歩が発生しやすくなっているのです。３０００円分の飲食店の優待券を手に入れるために逆日歩を3000円以上支払ってしまっては、まったく意味がありません。

事実、私はこれまでにこの裏ワザで多くの株主優待を手に入れて無料で食事をするなど、良い思いをしてきました。しかし、直近はどうかというと、2013年のアベノミクスによる株式投資への市場参加者が増えたことによる影響かどうかはわかりませんが、逆日歩によるコストが高くなっているため、控えるようになっています。

ただし、数千の会社が上場していることからもわかるように、毎月どこかの企業が必ず決算を迎えます。この事実を考慮すると、今後も継続して〝この手法〟を行うことができるチャンスは十分にあります。現状は法律的に規制もされておりませんので心配はいりません。

金融や経済の世界では、そのときの状況に応じて法律や税金などのルールがたびたび変更されます。今後、何らかの規制が入ってルールが変わり、この裏ワザが使えなくなる可能性もゼロではありませんが、両建て売買を行うことで投資の戦略の幅が広がることを知っていただければ幸いです。

4 NT倍率を使ったサヤ取り投資

(1) NT倍率とは

日本の株式市場を代表する2つの株価指数である「日経平均株価」と「TOPIX」を使ったサヤ取り投資について紹介します。

◎日経平均株価

東京証券取引所の第一部に上場している株式のうち、225銘柄を対象に、日本経済新聞社がその銘柄を制定し算出した株価指数。

◎TOPIX（東証株価指数）

東証市場第一部に上場しているすべての日本企業を対象とした株価指数。

この日本を代表する2つの株価指数を使い、長い間、サヤ取り投資は行われてきました。算出方法が違うために若干の推移の違いはあるものの、この2つの株価指数の相関性は非常に高く、実際、長期的に値動きは連動しながら推移しております。

日経平均株価とTOPIXを使ったサヤ取りを行うときには、NT倍率という指標を使います。

N＝日経平均株価
T＝TOPIX

日経平均株価をTOPIXで割って計算したのがNT倍率です。

◎日経平均株価÷TOPIX＝NT倍率

この計算式は、サヤ取り投資ペア検索ツール「サヤトレ」における軸銘柄（この場合は日経平均株価）と脇銘柄（この場合はＴＯＰＩＸ）のサヤの計算式と同じです。つまりＮＴ倍率は、日経平均株価とＴＯＰＩＸのサヤと言い換えることができるのです。

（２）ＮＴ倍率は平均回帰向き

このＮＴ倍率に注目して日経平均株価とＴＯＰＩＸのサヤ取り投資を行っている投資家は世界中に数多く存在します。

基本戦略は、日経平均株価とＴＯＰＩＸのサヤが大きく離れたときに、サヤが平均方向に戻るように仕掛けを行う平均回帰狙いです。２０１３年は、この日経平均株価とＴＯＰＩＸのサヤであるＮＴ倍率が１３年ぶりの高水準を付けました。

ＮＴ倍率は、サヤ取り投資のために存在しているような数値です。ＮＴ倍率が上昇するということは、日経平均株価がＴＯＰＩＸより強いことを意味し、逆にＮＴ倍率が下落するということは日経平均株価がＴＯＰＩＸより弱いことを意味します。

２０１３年の株式相場では、日経平均株価のほうがＴＯＰＩＸよりも大きく上昇する傾向にあったため、NT倍率は大幅に上昇しました。２０１３年末には、テレビのニュースでもNT倍率というワードがよく出ていたので、それをきっかけにサヤ取り投資を初めて知った方もいることでしょう。

日経平均株価とTOPIXのサヤであるNT倍率のサヤチャートを見ていただくとわかるように、２０１３年末に大きくサヤが離れています（次ページ参照）。

しかし、２０１４年に入り、NT倍率は一気に平均回帰方向に修正をしています。２０１３年から平均回帰狙いにサヤ取り投資を実践していた方は、年末にかけて厳しかったと思いますが、２０１４年に入り、サヤは修正したことからも利益を確定し始めているころでしょう。

NT倍率を使ったサヤ取り投資は、個別銘柄同士のサヤ取り投資に比べてリスクは小さくなります。なぜなら、個別銘柄の場合ですと、最悪のケースとして、買い銘柄の企業が倒産するリスクがあるからです。日経平均株価やTOPIXのような指数の場合は、言うまでもなく、そのような危険性はありません。

NT倍率のような株価指数を使い、独自に法則性や優位性のある両建てのルールを発見できれば、今後、継続して長く稼げる投資手法になることでしょう。

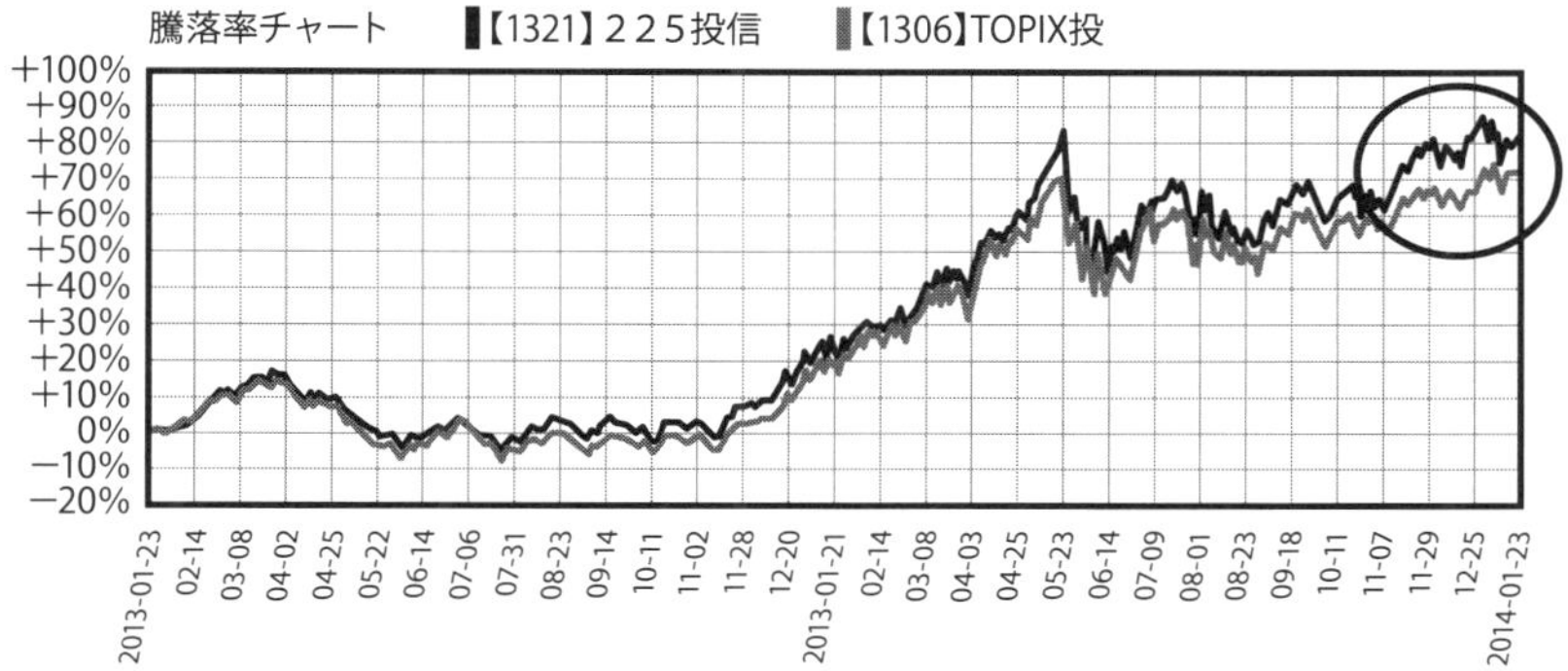
騰落率チャート
【1321】２２５投信
【1306】TOPIX投
+100%
+90%
+80%
+70%
+60%
+50%
+40%
+30%
+20%
+10%
0%
−10%
−20%
2013-01-23
02-14
03-08
04-02
04-25
05-22
06-14
07-06
07-31
08-23
09-14
10-11
11-02
11-28
12-20
2013-01-21
02-14
03-08
04-03
04-25
05-23
06-14
07-09
08-01
08-23
09-18
10-11
11-07
11-29
12-25
2014-01-23

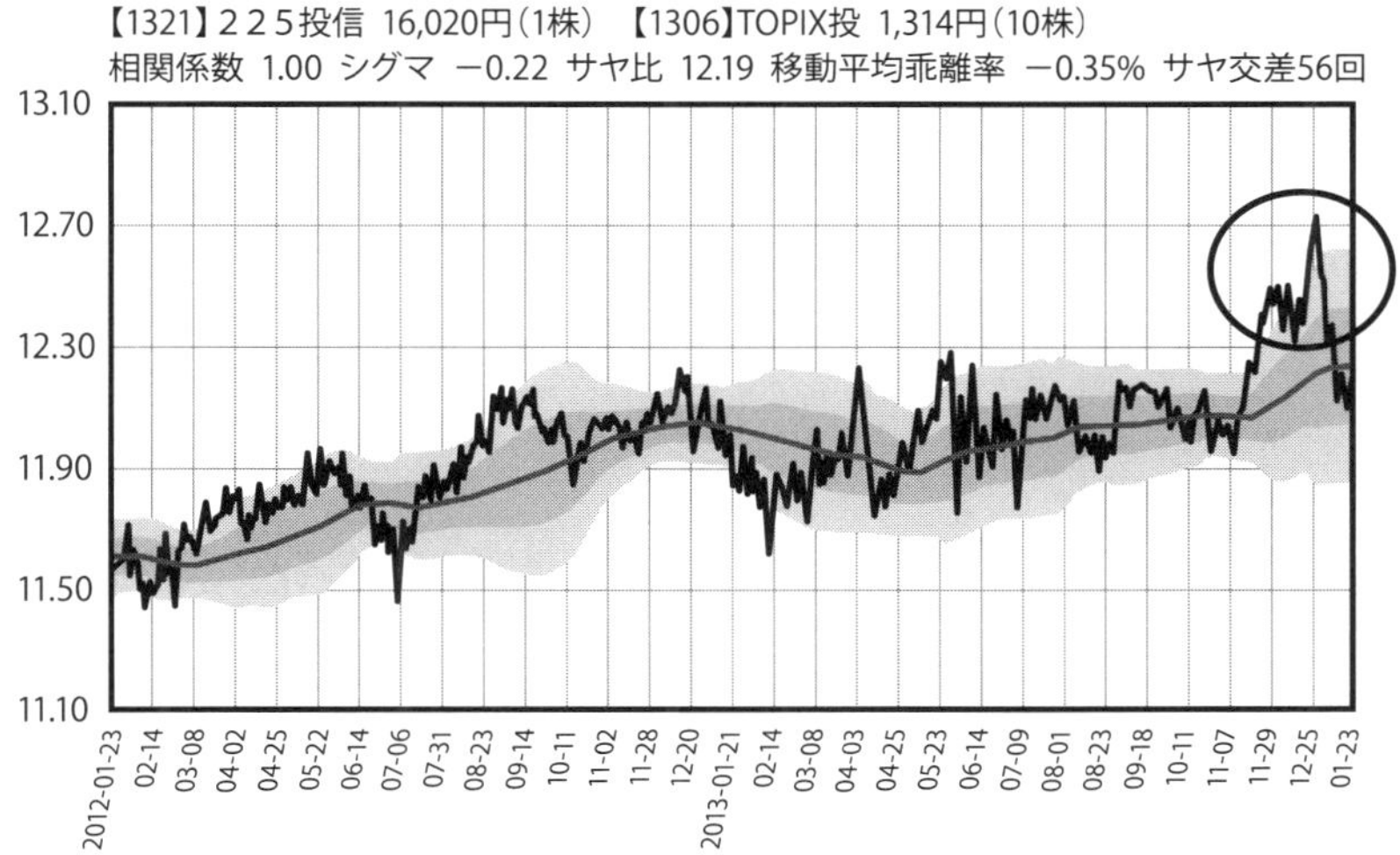
【1321】２２５投信 16,020円（1株） 【1306】TOPIX投 1,314円（10株）
相関係数 1.00 シグマ −0.22 サヤ比 12.19 移動平均乖離率 −0.35% サヤ交差56回
13.10
12.70
12.30
11.90
11.50
11.10
2012-01-23
02-14
03-08
04-02
04-25
05-22
06-14
07-06
07-31
08-23
09-14
10-11
11-02
11-28
12-20
2013-01-21
02-14
03-08
04-03
04-25
05-23
06-14
07-09
08-01
08-23
09-18
10-11
11-07
11-29
12-25
01-23

（３）ＮＴ倍率を利用した理想的な両建てとは

日経平均株価は、ＴＯＰＩＸの中から２２５銘柄が選別された、いわば日本企業代表と言い換えることができます。実際、日経平均採用銘柄の企業の名前を聞いて知らない人はいないくらいの大手企業の集まりです。

輸出企業の割合が多いため為替変動に左右される傾向がありますが、ＮＴ倍率を使ったサヤ取り投資について、私の考えを書かせていただくと、長期的に見た場合、ＴＯＰＩＸのパフォーマンスを日経平均株価のパフォーマンスが上回る可能性が高いと考えております。

実際に、過去2年間のサヤチャートを確認するとわかるように、定期的なサヤの往来はありますが、長期的なサヤのトレンドは右肩上がりに推移をしています（前ページ下段参照）。

２０１３年末はσがプラスの位置から下方向（平均方向）に向かうような仕掛けを行う（ＴＯＰＩＸ買い・日経平均株価売り）投資家が多かったと思いますが、今後は、σがマイナスの位置から上方向（平均方向）に向かうタイミングで仕掛けを行う平均回帰（日経平均株価買い・ＴＯＰＩＸ売り）のほうが成功確率は高いのではないかと考えております。

【理想的な両建て保有】
買い銘柄：日経平均株価
売り銘柄：ＴＯＰＩＸ

（４）ＮＴ倍率を利用するときの注意点

この株価指数のサヤ取りを行うときの注意点は、海外のサヤ取り投資家の存在です。株式市場は、グローバルで世界中のどこからでも投資することが可能です。実際に、日本の株式市場の売買の半分以上は、海外投資家からの注文です。

海外には、日本の株式市場を操るほどの資金力をもった機関投資家やヘッジファンドが存在します。この海外の機関投資家が「昨年末からＮＴ倍率が最高水準に達したのでそろそろ修正させよう」というような感覚で平均回帰方向に注文を入れてくることもあるのです。

彼らのような存在を裁定業者（アービトラージャー）と呼びます。私たちのような個人投資家は、この裁定業者による仕掛けでサヤの修正を待つしかないとも言えます。

海外投資家の売買動向は、日本の株式市場にとって参考になる重要な要素です。これまで意識していなかった方は、海外投資家の売買動向に注意をしてください。

もうひとつ注意点があります。それは、株価指数数をどうやって売買するかという問題です。日経平均株価とＴＯＰＩＸを売買する方法としては先物市場が一般的ですが、ＮＴ倍率と実際の先物価格には誤差がありますので気をつけなくてはいけません。

ＮＴ倍率は正確な指数で計算されておりますが、実際に投資する先物の価格には、若干の誤差が発生します。また、期近と期先のいつの先物を売買するかによっても値段は変わってきます。

以上のことを考慮して、私は、個人投資家がＮＴ倍率を使ってサヤ取り投資を行う場合には、先物市場ではなく、ＥＴＦを使うことをお勧めしています。実は、２１５ページで紹介したＮＴ倍率のサヤチャートは、日経２２５連動型ＥＴＦとＴＯＰＩＸ連動型ＥＴＦのものなのです。

【1321】日経225連動型上場投資信託
【1306】TOPIX連動型上場投資信託

上記のETFを使えば、個別株式と同じように投資できます。そして、株式投資と同じ税制で損益通算も可能です。

(5) 今後期待の株価指数を使ったサヤ取り投資

最後になりますが、私が注目している株価指数として、2014年より日本経済新聞社、日本取引所グループ、東京証券取引所が共同で新たに開発した「JPX日経400」という株価指数を紹介します。これは、企業の資本効率を示す自己資本利益率（ROE）を使って、東証に上場する全銘柄の中から投資家にとって投資魅力の高い400銘柄を選定し、算出するものです。このJPX日経400の株価指数に採用される企業には、業績の悪い企業（直近3年間で債務超過になっていたり、連続赤字を出した企業など）は含まれていません。

東証に上場している企業が対象になるので、新興市場の銘柄も候補に入ります。つまり、東証マザーズに上場している有力なIT企業も指数に組み入れられているのです。

このJPX日経400の株価指数を使えば、今後は、3つの株価指数を使い、サヤ取り投資をすることができるようになります。

■日経平均株価

■TOPIX

■JPX日経400（2014年からスタート）

株価指数のサヤチャートを確認しながら、強い株価指数を買い、同時に弱い株式株価指数を売るといった、サヤが乖離方向に離れていく戦略なども可能かもしれません。サヤ取り投資の戦略がより一層広がります。

今後は、このＪＰＸ日経４００をうまく活用し、株式市場のサヤを探して利益を上げたいと私も考えています。実際、期待値が高い優位性のあるサヤ取り投資の売買ルールを、日々、研究しております。

5 ＦＸ金利裁定取引

ＦＸにおいて2社のスワップ金利のサヤを取る手法をご紹介させていただきます。この手法は、ほぼノーリスクで定期預金以上の金利を獲得することが可能な両建て売買の裏ワザです。銀行預金として資金を眠らせている方に実践していただきたい思います。

（1）ＦＸとスワップ金利について

まずは、簡単にですが、ＦＸとスワップ金利についてご説明させていただきます。

ＦＸとは、外国為替証拠金取引の略で、日本円と米ドルなど、異なった2つの通貨を転換することで利益を狙う取引です。円高や円安など通貨価値の騰落によって損益が変動します。

株式の信用取引のように、レバレッジを利かすことで、少額から投資可能です。レバレッジは最大で

25倍まで利かすことができます。

そして、株式の信用取引の空売りと同じように、外貨を売る取引もできます。そのため、為替相場が円高・円安どちらの場合でも、利益を得るチャンスがあるのです。

FXのもうひとつの特徴として「スワップ金利」という概念が存在します。スワップ金利とは、簡単に言い換えると、「通貨の金利」を意味します。高金利の通貨を買えばスワップ金利を受け取ることができます。逆に、高金利通貨で売りを行った場合はスワップ金利を支払わなければなりません。

このスワップは、定期預金のように年に数回、まとまって受け取るのではなく、日々、発生します。

(2) 金利裁定のやり方について

高金利通貨の買いポジションを持っている場合、日々、スワップ金利が発生します。これは、FXの魅力のひとつです。

日本の円は現在、世界トップクラスの低金利通貨です。したがって、基本的にどの国の通貨を買ってもスワップ金利を受け取ることが可能です。

【ＦＸのスワップ金利】

◎低金利通貨売り＋高金利通貨買い場合＝スワップを受け取れる（収益）

◎高金利通貨売り＋低金利通貨買い場合＝スワップを支払う（損失）

一般的に高金利通貨としてはオーストラリアドル（豪ドル）やニュージーランドドル（ＮＺドル）、南アフリカランドが有名です。

日本には、現在数多くのＦＸ会社がありますが、会社によって設定しているスワップ金利は少しずつ違います。スワップ金利が高い会社もあれば、低い会社も存在するのです。

三菱ＵＦＪ銀行とゆうちょ銀行の定期預金の金利がまったく同じではないように、ＦＸのスワップ金利もＦＸ会社それぞれによって若干の差があるのです。

そこでＦＸ会社によってスワップ金利が違う原理を利用して、次のようなポジションで両建てを行います。

■スワップ金利を多く受け取れるＦＸ会社で高金利通貨を『買い』

■スワップ金利の支払いが少ないＦＸ会社で高金利通貨を『売り』

具体的な通貨としては豪ドルもしくはＮＺドルがお勧めです。今回は豪ドルを例に説明します。

■スワップ金利を多く受け取れるＦＸ会社で豪ドルを『買い』
■スワップ金利の支払いが少ないＦＸ会社で豪ドルを『売り』

上記のように、同じ通貨である豪ドルの「買い」と「売り」をスワップ金利に差のあるＦＸ会社に分けて保有します。保有期間中に円高や円安の為替変動が発生しますが、まったく同じ通貨の両建てですので、為替リスクは９９％以上なくなります。

もし豪ドルの相場が大きく円高に推移した場合、『売り』のＦＸ会社は大きなマイナスになりますが、『買い』のＦＸ会社は同じ金額だけプラスになっております。

スワップ金利の差が足し引きしてプラスになるような2社で両建てすれば、そのスワップ金利の差が、日々、収益として入ってくるのです。

日々状況は変わりますが、２０１４年1月２７日時点において、豪ドルの両建てでスワップ金利の差がプラスになる2社をご紹介しましょう。

■豪ドルを『買う』ＦＸ会社　ライブスター証券
http://www.live-sec.co.jp/

■豪ドルを『売る』ＦＸ会社　DMM.com証券
http://FX.dmm.com/

■２０１４年１月２７日の２社の豪ドルスワップ金利を確認した場合
◎買いを行うライブスター証券の豪ドルのスワップ金利＝６８円
◎売りを行うDMM.com証券の豪ドルのスワップ金利＝マイナス５０円
◎差額＝６８円－５０円＝１８円（一日で利益となるスワップ金利差）

１万豪ドルの両建てを行うことで、日々、１８円のスワップ金利を受け取り続けることができます。少しずつですが、２社の金利の差額が収益になるのです。後は放置し続けて、スワップ金利の差額分が貯まっていくのを、ただひたすら待つのみです。

◆ライブスター証券でのスワップ金利

2014年01月27日適用のスワップポイント（単位/円）

通貨ペア	売り Swap	買い Swap	通貨ペア	売り Swap	買い Swap
米ドル/円	-6	4	ユーロ/円	-13	10
英ポンド/円	-28	25	豪ドル/円	-71	68
NZドル/円	-62	60	カナダドル/円	-28	26
スイスフラン/円	-3	0	豪ドル/スイスフラン	-79	69
豪ドル/NZドル	-8	4	豪ドル/米ドル	-70	65
ユーロ/豪ドル	87	-97	ユーロ/カナダドル	16	-28
ユーロ/スイスフラン	-16	8	ユーロ/英ポンド	3	-11
ユーロ/NZドル	77	-86	ユーロ/米ドル	-6	3
英ポンド/豪ドル	83	-95	英ポンド/スイスフラン	-37	27
英ポンド/NZドル	82	-92	英ポンド/米ドル	-21	16
NZドル/米ドル	-65	60	米ドル/カナダドル	15	-20
米ドル/スイスフラン	-10	5	南アフリカランド/円	-130	120

◆ DMM.com 証券でのスワップ金利

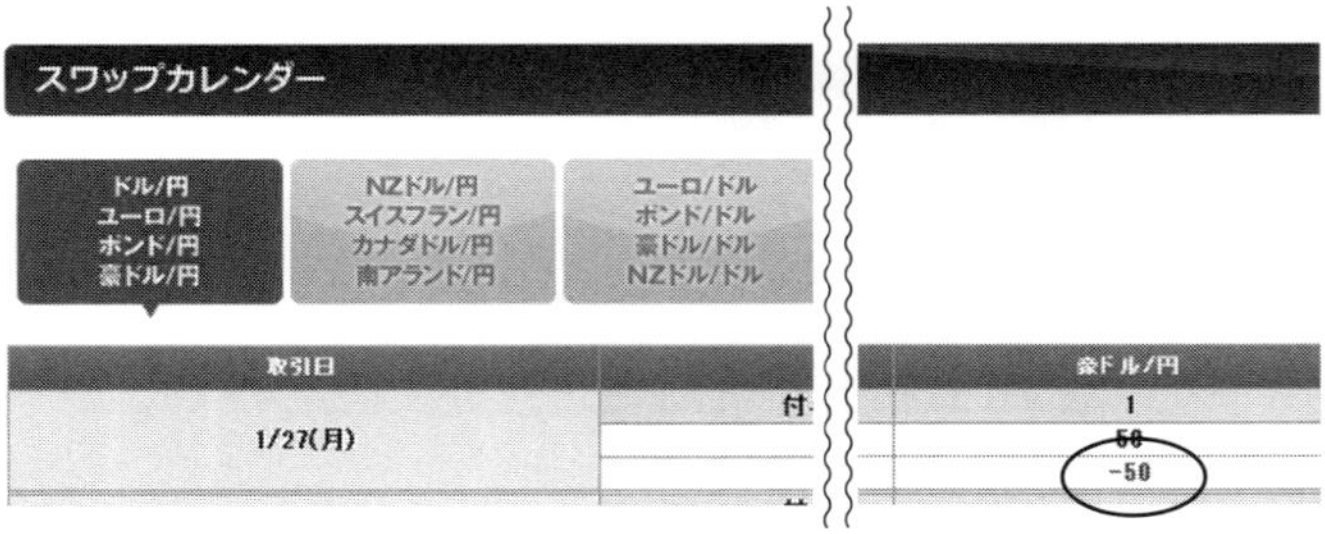

1万豪ドルを売買するには、現在の豪ドルレート90円前後の場合、一般的なFX会社ですと4万円あれば取引可能です。買いと売りを行うために1万豪ドルずつ必要ですので8万円と考えた場合、年間でもらえるスワップ金利と投資利回りは次のようになります。

【1年間でもらえるスワップ金利】

18円×365日＝6570円

【年間の投資利回り】

6570円÷8万円＝0.082125が

よって年間の投資利回りは8.2125％となります。

しかし、通貨を取引したときのスプレッドと呼ばれる手数料なども発生することや、投資資金にもある程度余裕を持たせることなどを考えると、現実的には約5％前後くらいの利回りになるとお考えください。

このようなFXを使った両建て売買を、FX金利裁定取引と私は名づけています。

（３）金利裁定の注意点

ＦＸ金利裁定取引は、限りなくリスクの低い投資手法ですが、いくつか注意が必要です。

この手法の場合、将来的に継続して取引ができるかはわかりません。何かひとつでもルールが崩れると優位性がなくなります。その注意点を、以下にまとめさせていただきました。

１：金利が変動するリスク

日本の円は現在、世界トップクラスの低金利通貨ですが、今後、利上げする可能性もあります。逆に、一般的に高金利通貨の代表であるオーストラリアドル（豪ドル）やニュージーランドドル（ＮＺドル）などが利下げを行い、２社間のスワップ金利差が解消してしまう可能性も存在します。

現在は、買いスワップと売りスワップの差がプラスになっているために使える手法ですが、今後、金利が変動してこの金利差がなくなってしまった場合には、この手法は意味をなしません。

さらに、スワップ金利は、日々、微妙に変動します。金利差があまりない場合には、買いスワップ金利と売りスワップ金利の差がマイナスになってしまう日もあるかもしれません。

もちろん、１カ月を通した合計スワップを計算し、プラスの状態であれば問題はありません。２０１４年１月２７日に確認している限り、金利差はプラスになっておりますので優位性はあります。

２：儲かる金額は、日々、少額です

１万豪ドルのペアで投資して一日に約１８円の利益です（２０１４年1月２７日現在）。そして、この１８円のスワップ金利差は固定ではなく、日々、微妙に変動します。

さらに、初期投資時にスプレッドなどの売買コストが発生するために、２社での両建て完了時点から実際に利益が発生するまでには1～２カ月程度かかります。以降は、保有し続けるほどに利益が積み上がります。

３：片方の口座は、必ずマイナスになる

両建て売買しているので相場が一方向に推移した場合、片方の口座が必ず評価損失になります。しかし、他方の口座は逆に評価利益になります。

ここで注意しなければならないことは、マイナス評価の口座が証拠金を下回ってしまい、強制決済されてしまうことです。その場合、この手法は成り立ちません。

マイナス評価になっている証券口座については常に気にかけておいて、資金が減ってきたら、利益になっているほうの証券口座の資金を移動させる（儲かっているFX会社の口座から出金して、ネットバンクなどを経由し、マイナスになっているFX会社の口座へ資金を移動させる）などの対応をしてください。

なお、上記でご紹介したFX会社から入出金するときには、手数料はかかりませんのでご安心ください。くれぐれも保有している両建て売買が強制決済されないように気をつけください。

4：2社の為替レートは一定ではない

多くのFX会社が提示している為替レートは、インターバンク直結ではなく、独自に提示している為替レートです。

違う2社のFX会社で同じ通貨に投資を行えば、99％以上、同じ値動きをすると考えられますが、為替レートは瞬間的に一致しない可能性があります。

両建て完了後、日々、スワップの利益が発生し、2社の合計損益が日々プラスになる日が続いた場合でも、瞬間的にマイナス評価になる可能性もあります。

しかし時間の経過とともに少額ずつですがスワップが入り続けるので、いずれプラスになる可能性は高くなります。

以上の点に気をつければ、問題なく安定してスワップ金利のサヤを取ることができるでしょう。

私の知り合いの社長は、この手法を使い、大きな金額を投資して25倍のフルレバレッジで取引を行っております。年間で＋5％以上という金利は、投資資金100万円の場合は5万円ですが、投資資金が1億円になった場合には500万円になります。

投資する金額に比例して利益も大きくなるのが投資のメリットです。銀行預金として長年眠らせている方は、お試しください。

■豪ドルを『買う』ＦＸ会社　ライブスター証券

http://www.live-sec.co.jp/

■豪ドルを『売る』ＦＸ会社　DMM.com証券

http://ＦＸ.dmm.com/

第6章

まとめ

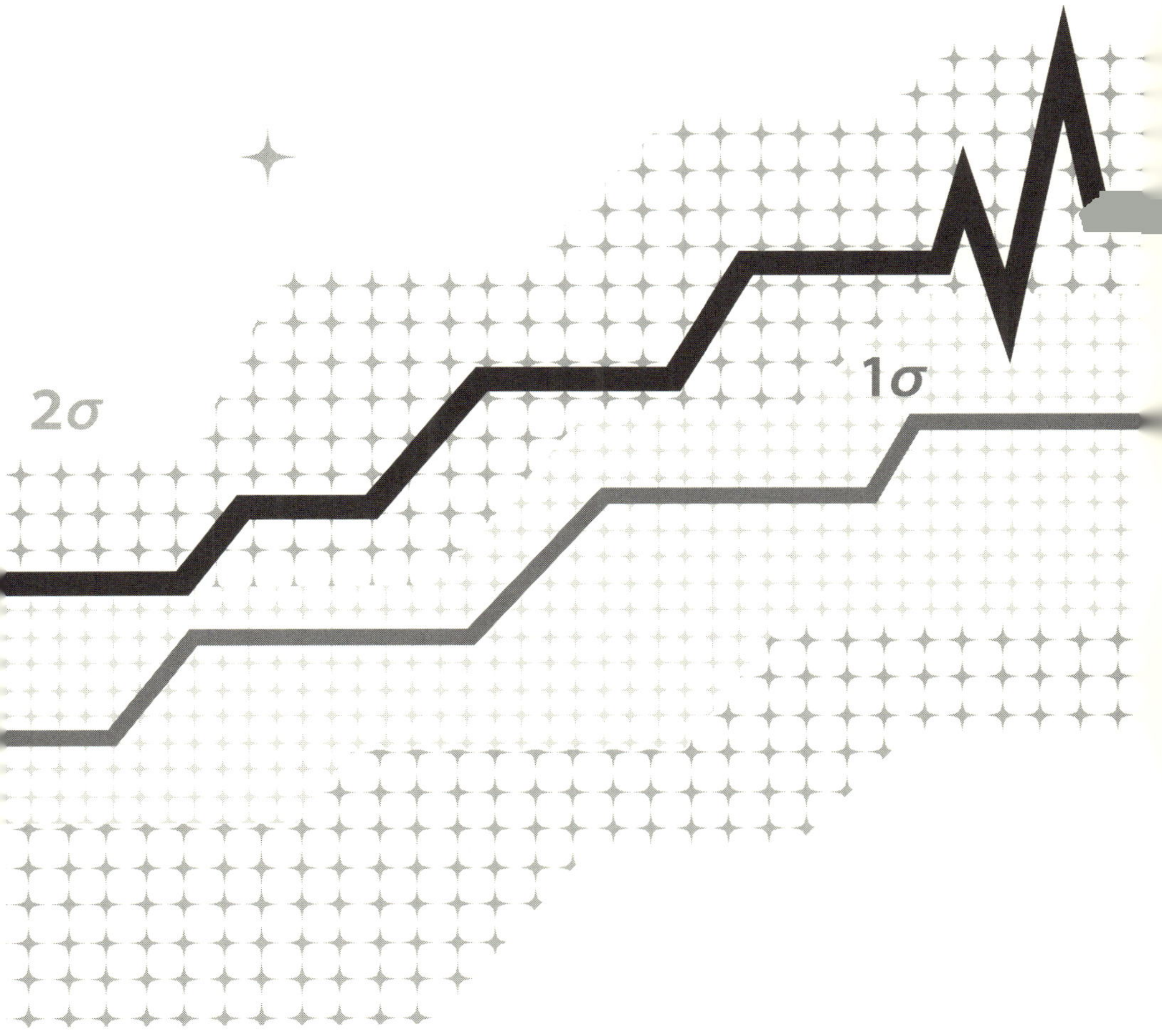

1

自分に合った投資が一番

ここまで、サヤ取り投資の両建て売買について、いろいろと書かせていただきました。

私自身は現在、サヤ取り投資を行いながら、サヤ取り投資に関するサービスを複数運営しています。毎日がサヤ取り投資中心の生活です。

私にとって人生の一部であるサヤ取り投資は、先述したように、世界中で投資のプロが行っている伝統的な投資手法です。しかし、すべての個人投資家にサヤ取り投資が向いているとは思っておりません。

投資には、その投資家自身の性格や運用資金、生活環境など、さまざまな要素が複雑に絡み合います。ある人に有効な投資手法であっても、別の人にとっては有効ではない投資手法になることは十分にあり得るのです。この手法を使えば必ず良い結果が出るということはないのです。

反対に、どんな投資手法であっても、売買ルールに優位性があり、その投資家に合ったやり方であれば、利益を出すことはできます。第1章において、「長期的に下落している日本株への長期投資で利益を出すことは難しい」と書かせていただきました。しかし、絶対に利益が出せないかというと、そんなことはありません。日本株の長期保有だけで資産を形成した投資家も実在しています。

その投資家にとって一番合う投資手法で利益が出せればそれで良いのです。すでに投資で利益が出てうまくいっている方にサヤ取り投資をお勧めすることはありません。その方の運用方針に合った投資手法で利益を出すことが一番良いと感じているからです。

時より、サヤ取り投資経験者の方から「サヤ取り投資はコツコツ（利益）ドカン（損失）」という意見をいただくことがあります。しかし、実際は、そんなことはありません。サヤ取り投資でドカンと負けるただひとつの原因、それは損切りをしていないだけなのです。

サヤが予想と反対方向に推移したときには、事前に設定した損切りの基準で必ず決済してください。正しく損切りができれば、サヤ取り投資において、大きくドカンと負けることはありません。

もちろん、ときには保有している個別銘柄に急なニュースが入り、その株価が大きく変動することはあります。しかし、そのような事態は、すべての投資において共通して言えることでもあります。そのリスクが取れないのであれば、株式投資そのものができなくなります。極端な例にはなりますが、仕掛けた翌日に買い銘柄の企業が倒産する確率もゼロではありません。投資をする時点でしっかりとリスクを受け入れなければなりません。

投資では、運悪く損失になることもあれば、運良く利益になることもあります。これまでサヤ取り投資を行ってきた経験から言うと、両建てしている2銘柄の片方に材料が出て大きく株価が変動した際、その大きな変動がラッキーを導いて利益を生む確率と、交通事故のように損失を被る確率は半々です。あくまでもその確率は2分の1であるとお考えください。

どんなに努力しても運の要素を変えることはできません。それよりも、「期待値」を信じ、優位性のある売買を継続することに専念してください。

2 相場変動は誰にも読めない

サヤ取り投資を継続していると、「株式市場が上昇相場のときに、はたして買いと売りを両建てする意味があるのか」という疑問を抱いてしまいがちになります。事実、上昇相場においては、両建てしているがゆえに、株価上昇の恩恵を素直に受けることができません。世間が「株で儲かった」という話で賑わっているときにサヤ取り投資を行っていると、利益の幅が少ないと感じることもあるでしょう。２０１３年のアベノミクスによる上昇相場がまさしく〝それ〟と言えます。

確かに、上昇相場のときには、両建てせずに片張りの現物買いの投資をしたくなる気持ちはよくわかります。両建て売買をしている以上、空売りしている銘柄は損失になるからです。「空売りをしていなければ大儲けだったのに」と思ってしまっても無理はないでしょう。

しかし、だからといって両建てを外してしまい、現物買いの片張り投資を行ったとしたら、結局、同じ轍を踏むことになります。

サヤ取り投資を知り、実践されている投資家のほとんどは、過去に投資で痛い目を経験した方だと思います。「今度こそは！」と思い、相場変動に左右されないサヤ取り投資をスタートしたはずです。その気持ちを忘れないようにしてください。

株価の下落スピードは上昇のスピードより何倍も早いため、ほとんどの個人投資家は逃げる間もなく、損失の波に飲み込まれます。毎年、２０１３年のように株価が上昇し続けることはありません。どこかで調整するときがやってきます。

暴落の怖さは、そのタイミングが誰にもわからないところにあります。もしかすると、明日、急に訪れるかもしれません。だからこそ、いかなるときでもヘッジし続けて、相場変動に惑わされない運用を行うことが大切なのです。

3 相場センスがない人ほどサヤ取り投資がお勧め

個別銘柄の企業業績や業界展望、格付け、財務分析、PER、PBRなどを研究することによって、投資においてどれだけの成果が出るのか、私にはわかりません。

頭が良くて、金融知識が豊富で、投資や経済のことがよくわかっていても、実際の投資で勝てない方は多くいます。

その反面、難しい証券分析などはできなくても、最低限の投資の基礎を身につけて、期待値がプラスの優位性のある売買ルールを作り、お金を増やし続けている方もおります。

個人投資家にとっては、「知識量」よりも、最終的には「結果」のほうが大切です。金融・経済・投資の知識が豊富でも、実際の金融市場で勝てなければ意味がないと私は考えております。ぜひとも、自分だけの優位性ある売買ルールを作り、金融市場で勝てる投資家を目指してください。

株式相場の上下トレンドをしっかりと読める方は、投資に向いていると言えるでしょう。しかし、私には、この相場の流れを読む力がありませんでした。

「買ったら下がって、売ったら上がる」

相場を読むセンスがないことは、悔しいながらも自覚しております。よって現在は、株式相場の予想は、ほとんどしません。

相場の上下がわからなくても大丈夫です。考えなくても大丈夫です。サヤ取り投資であれば、そんな投資家でも利益を出すことが可能です。私のように相場センスない方にとってサヤ取り投資は、お勧めの投資手法です。

特別付録

マーケットニュートラル戦略

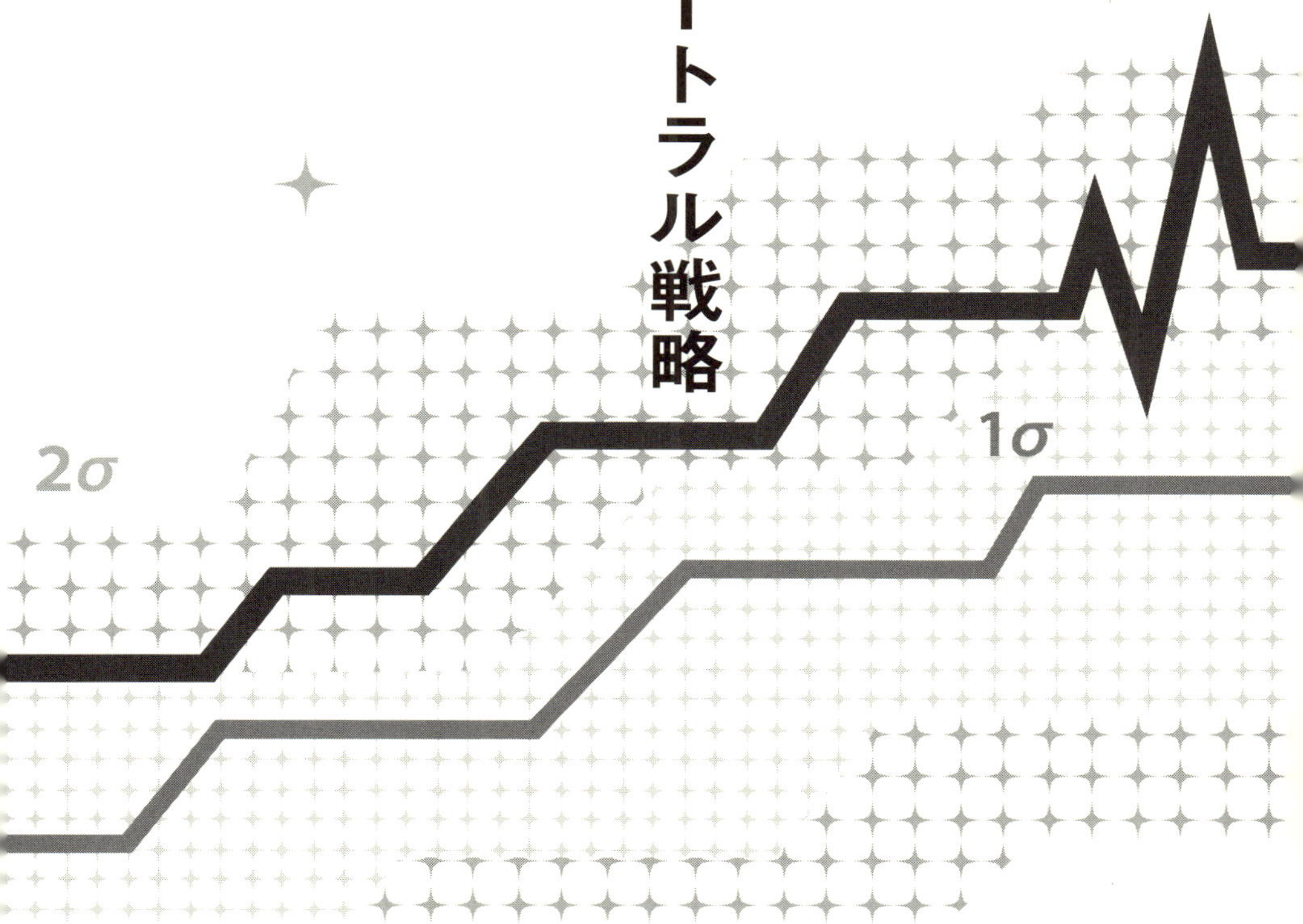

1 複数ペアを両建てにする重要性

本章では、書籍増刷の機会に両建て売買の応用編として複数銘柄を両建てさせた「マーケットニュートラル」について解説します。

本書では「買い」と「売り」を両建てして2銘柄1ペアの両建てを中心に解説しました。しかし、実際にサヤ取り投資や両建て売買を行う場合、1ペアだけを保有することは、ほぼありません。「買い」と「売り」をセットにして複数ペアに分散して投資するほうが一般的です。両建てした1ペアが損失となっていても、他のペアが利益を出してポートフォリオ全体でプラスを目指せばよいのです（次ページのイメージ参照）。

現物取引と同じように両建て売買も1ペアに全資金を投資するのではなく、銘柄数を増やした分散投資を心掛けることで、リスクが減り、より安定した資産運用を実現することができます。

【２銘柄１ペア（１ペアのみで損益を考える）】

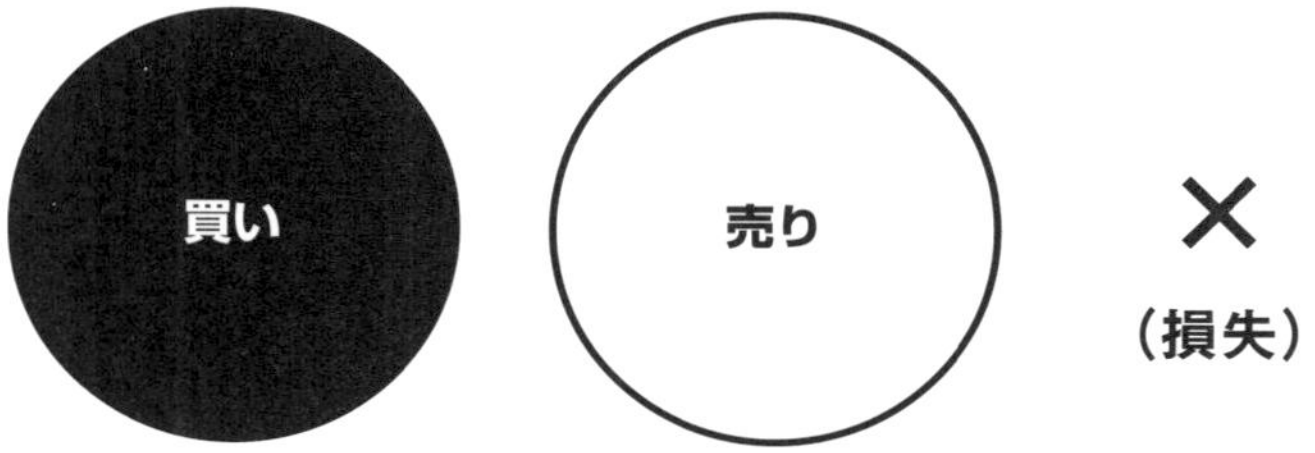

【分散投資（ポートフォリオ全体で損益を考える）】

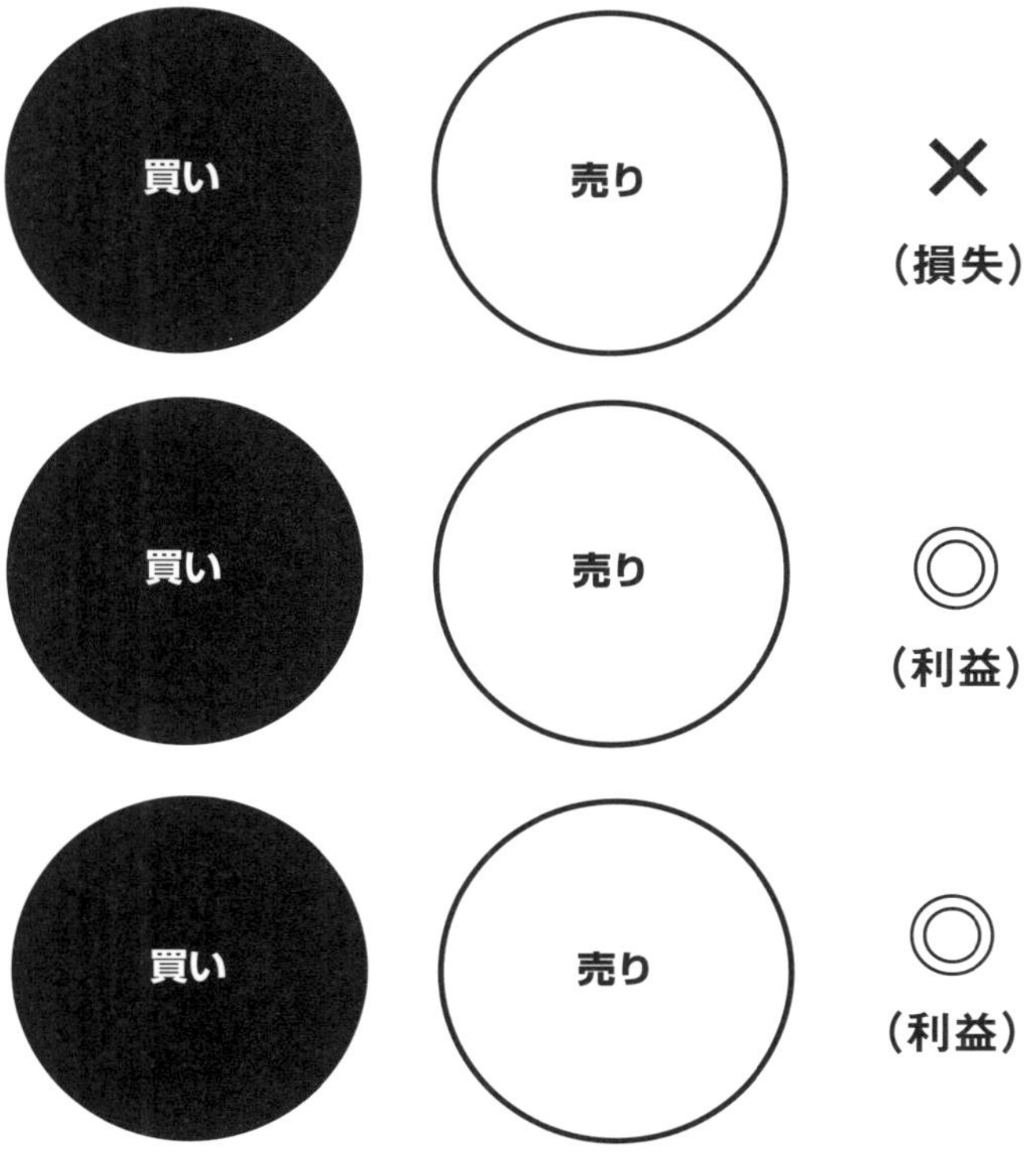

2 マーケットニュートラル戦略とは

銘柄数の分散効果を活かして、株式市場の価格変動をできるだけ抑えて利益を狙う両建て戦略のひとつが「マーケットニュートラル」です。

マーケットニュートラルは、株式市場で最も大きなリスクである価格変動（マーケット）をできるだけ排除して中立化（ニュートラル）することを目的としています。2銘柄の相関関係からペアにしたサヤ取り投資も、複数ペアを保有することでポートフォリオ全体としてマーケットニュートラルに近づきます。

投資なので完全にリスクを排除することはできませんが、従来の買い一色の片張り投資よりも大きくリスクを下げることが可能です。

本書では「先物」と「個別株」を使ったマーケットニュートラルの戦略事例をひとつご紹介します。

例えば、「先物」と「個別株」を両建てで組み合わせて次のように保有します。

【マーケットニュートラル戦略のイメージ】

【売り】日経平均先物　保有比率50％
【買い】個別銘柄A　保有比率10％
【買い】個別銘柄B　保有比率10％
【買い】個別銘柄C　保有比率10％
【買い】個別銘柄D　保有比率10％
【買い】個別銘柄E　保有比率10％

相場全体の値動きとなるインデックス指数（日経平均やTOPIX）を空売りして、投資家が選定した「今後、上がりそうな個別銘柄を複数に分散して保有する」とイメージください。

日経平均やTOPIXのようなインデックス指数を売ることによって、個別株の値動きから金融用語でβ（ベータ）と呼ばれる株式市場全体の値動きを除外します。

個別銘柄の値動きからβ（ベータ）を除外した部分をα（アルファ）と呼びます。マーケットニュートラルは、個別銘柄のα（アルファ）を積み上げて利益を狙うイメージです。

例えば、マーケットニュートラルで運用を行っているときに、リーマンショックのように金融危機で相場が暴落して日経平均は大きく50％下落したとします。このとき、買い保有の5銘柄は、損失となり50％程度大きく損をするでしょう。しかし、空売りしている日経平均は50％程度の大きな利益となります。

マーケットニュートラルは、複数銘柄を組み合わせることによって損失と利益を相殺してヘッジします。金融市場で最も大きい価格変動リスクを中立化することで、安定した投資結果を目指します。

3 マーケットニュートラルで重要なポイント

マーケットニュートラルでは、株式市場が暴落しても、選定した複数個別株がインデックス指数の騰落率（パフォーマンス）を上回っていれば（アウトパフォームしていれば）、利益になります。

株価の上がり下がりを予想することなく、システマチック、もしくは裁量判断を組み合わせて**インデックス指数を上回る個別銘柄を探すことのみに注力すればよい**のです。それが可能になれば金融市場の暴落にも恐れることなく利益を狙える投資戦略となります。

以上を踏まえ、本章のマーケットニュートラル戦略は、個別銘柄を複数企業買い、インデックス指数を空売りする事例をお伝えします。

もちろん、下落しそうな個別銘柄を複数空売りして、インデックス指数を買って利益を狙うマーケットニュートラルも理論上は可能です。しかし、空売り銘柄を複数保有することになりますので、信用取引にかかる逆日歩などのコストが発生します。以上の理由から、基本的には個別銘柄を複数企業買い、インデックス指数の空売りをお勧めします。

アウトパフォームを狙って保有するときの個別銘柄数については、個人投資家の運用資金力によって投資できる銘柄数も異なってきます。投資銘柄数が少ないと、選定した個別銘柄の当たり外れによって結果が決まるためリスクが高くなります。

反対に、銘柄数を多く取り入れ過ぎてしまうと、インデックス指数と同じような値動きに近くなり過ぎて、満足できる利益を獲得することが難しくなるかもしれません。また現実的には個人投資家の場合、それほど多く分散投資することは難しいです。

取り入れる銘柄数に関しての正解はありませんが、**個人投資家がマーケットニュートラルを行う場合は、個別銘柄は5銘柄～10銘柄程度に収めるのがよい**と、私は考えています。

仮に個別株5銘柄に投資するときには、先物で売るインデックス指数の売買代金の5分の1に近づけて投資するイメージです。10銘柄に投資するときには、10分の1に近づけて投資します。

【投資金額調整のイメージ】

※日経平均先物1枚＝投資金額２０００万円の場合
5銘柄の場合＝1銘柄の投資金額４００万円（２０００万円÷5銘柄）
10銘柄の場合＝1銘柄の投資金額２００万円（２０００万円÷10銘柄）
20銘柄の場合＝1銘柄の投資金額１００万円（２０００万円÷20銘柄）

個人投資家は、機関投資家とは違い、運用資金に制限があるので、サヤ取り投資やマーケットニュートラルなど両建て売買を行う時は、レバレッジの活用をお勧めします。

レバレッジとは、投資家の運用資金額以上の投資を可能にする取引です。株式投資であれば信用口座を開設すると運用資金の約3倍までの金額で投資が可能です。例えば、１００万円の運用資金がある場合、信用取引で株を買うと、最大で約３００万円分の株に投資できます。

一般的な投資の場合は、レバレッジを高くするとリスクが上がります。しかし、両建て売買の場合は、レバレッジ2倍で取引を行っても両建てしている限り、損益はヘッジされるため、レバレッジを活用しない現物取引よりもリスクは少なくなります。むしろ、レバレッジを使わないと損益の変動幅は非常に少なく、利回りとして満足できる結果にならないこともあります。

両建て売買を実践するときには、リスク許容度に合わせて2倍～3倍程度のレバレッジを活用して投資することをお勧めします。

4 マーケットニュートラルの個別銘柄選定

それでは、実際にマーケットニュートラルを実践するときの個別銘柄の選定方法に関して２つヒントをお伝えします。

マーケットニュートラルの実践では、インデックス指数を上回る成績の個別銘柄を選定することが最も重要なポイントになります。

個別銘柄の選定なので、基本的に現物株の選定を行う場合と同じく、「上がると思う株」と考えても間違いではありません。

「マーケットニュートラルでは個別銘柄の選定が重要だ」とお伝えすると、「それでは片張りと同じではないのか？」と、疑問に思われる方もいることでしょう。

しかし、実際は違います。選定する個別銘柄の株価の上下はあくまでも関係ないのです。仮に、投資する個別銘柄が大幅に下落したとしても問題ありません。重要なのは、選んだ銘柄がインデックス指数（平均値）を上回るかどうかです。日経平均やＴＯＰＩＸのようなインデックス指数の推移に勝つ個別銘柄を意識して選定することがポイントと言えるでしょう。

それでは、個別銘柄の選定方法を２つご紹介します。

①投資家の裁量判断

一般的に、個人投資家の銘柄を選定するときは、裁量に頼るケースが多くなります。事実、日経新聞や経済ニュースなどの投資情報や過去の経験を参考にして、自ら個別銘柄を選定して投資している方がほとんどです。

また、裁量の場合には、ご自身が勤める業界や業種、また趣味や興味のある分野などの情報に関しての強みを活かして個別銘柄を選定することもお勧めです。

裁量判断は、数式を必要として分析する機械やＡＩ（人工知能）にはできない人間の強みです。相場は、世の中に出ていない情報であっても、相場の空気によって動きます。

近年、投資の判断はＡＩやロボットに置き換わっている銘柄選定ですが、個人投資家としての投資センスを磨くためにも、あえて裁量判断での投資を意識してもよいかもしれません。

②システムによる自動抽出

もうひとつは、裁量判断ではなく、数式として一定のルールを制定し、スクリーニングツールで自動抽出した銘柄の中から、条件に合うものをシステマチックに選定する方法です。

スクリーニングツールとは、株価や決算情報など条件を数値で設定すると、その条件に該当する銘柄が抽出されるシステムのことを言います。例えば、上場企業の中から「黒字の会社」＆「売り上げが伸びている会社」＆「株価が割安」などのように、複数の条件を出して銘柄を絞り込みます。さらに、数値など、細かい条件を設定することで、その条件に該当する個別銘柄を検索することができます。

裁量とは違い、ＰＥＲ・ＰＢＲのような指標や、決算、テクニカル分析などの条件を数値で設定してスクリーニングツールを使い、該当する銘柄に投資するシステムトレードです。

このシステマチックに数値が定めて選定するほうが再現性が高いため、基本的に、こちらのやり方のほうをお勧めしています。

株式のスクリーニングツールに関しては、大手の証券会社で口座をお持ちであれば普通は備わっておりますので、基本的に無料で利用できます。

世の中には、有料・無料のスクリーニングツールがありますが、無料スクリーニングツールであってもかなり充実した検索条件が備わっています。したがって、無料のものであっても自動抽出は可能です。

スクリーニングツールを使いシステマチックに投資をするときに重要になる考えは、設定するスクリーニングの数値条件において一番儲かる設定は存在しないことを念頭に置くことです。

一番儲かるスクリーニングの数値条件を教えてください

このような要望を私もよくお客様からいただくのですが、そんな数値条件は存在しません。相場状況によってすぐに変わってしまうからです。現時点で最強に儲かるスクリーニング条件を発見したとしても、相場は生き物で進化していますから、翌月には、そのスクリーニング条件での投資は儲からなくなることもよくあります。また条件の良し悪しは、投資家が保有する投資期間によっても異なります。

スクリーニングツールは、自動的に儲かる銘柄を探すツールではなく、あくまでも投資家が入力した数値の条件に合致した銘柄を探すためのツールとお考えください。結局のところ、投資ツールは使う投資家の腕次第なのです。

膨大な銘柄数の中から絞り込みが可能なスクリーニングツールを活用することで、裁量判断では見つけることができなかった優良銘柄に出合えることも可能になります。また、銘柄選定にかかる時間の短縮にもつながります。

個人的なお勧めとしては、スクリーニングツールを利用してシステマチックに自動抽出された銘柄の中から、投資家ご自身の裁量判断で銘柄を複数選定する方法です。システムのよる自動抽出の中から個人の裁量判断を付け足してインデックス指数を上回る銘柄を探し出すイメージです。

5 システムと裁量を組み合わせた銘柄選定

それでは実際にスクリーニングツールを活用して個別銘柄を選定する一連の流れをお伝えします。個別銘柄選定の流れは次のようなイメージです。

ステップ1：「システム」による選別
スクリーニングツールを使い約4000社ある企業から数を絞り込む
ステップ2：「裁量」による投資決定
スクリーニングで絞り込んだ中から投資家の裁量判断で投資決定する

上場企業の中から業績などを数値で指定してシステマチックに投資銘柄を探すスクリーニングツールは、多く証券会社が無料で提供しています。今回は楽天証券が提供しているスクリーニングツールの「スーパースクリーナー」を例に解説します。

スーパースクリーナーは、楽天証券で口座を保有している方であれば無料で利用できるスクリーニングツールです。市場や業種の指定はもちろんのこと、多くの財務指標やテクニカル分析などを数値で設定することで、該当する上場企業をシステマチックに抽出することができます。

詳細検索項目
財務
PER(株価収益率)(倍)
PER変化率(%)
EPS(一株あたり当期利益)(円)
配当利回り(%)
配当利回り変化率(%)
PBR(株価純資産倍率)(倍)
PBR変化率(%)
ROE(自己資本利益率)(%)
ROA(総資産当期利益率)(%)
時価総額(百万円)
売上高(百万円)
売上高変化率(%)
PSR(株価売上高倍率)(倍)
海外売上高比率(%)
売上高営業利益率(%)
売上高経常利益率(%)
売上債権回転率(回)
経常利益(税引き前利益)(百万円)
経常利益変化率(%)
自己資本比率(%)
前期最終損益(百万円)
有利子負債自己資本比率(%)
EV/EBITDA倍率(倍)
流動比率(%)
当座比率(%)
PCFR(株価キャッシュフロー倍率)(倍)
棚卸資産回転率(%)
信用残/売買高レシオ(倍)
インタレストカバレッジレシオ(倍)
コンセンサス情報
PER(株価収益率)(予)(倍)
PER変化率(予)(%)
EPS(予)(一株あたり当期利益)(円)
PEG(予)(倍)
BPS(予)(一株あたり純資産)(円)
配当利回り(予)(%)
配当利回り変化率(予)(%)
過去5年増収比率(予)(%)
過去3年平均売上高成長率(予)(%)
業績予想修正率(予)(%)
経常利益変化率(予)(%)
有利子負債/当期利益(予)(%)
銘柄属性
信用残(買)
信用残(売)
前週比(買)
前週比(売)
信用倍率(倍)
テクニカル
株価(円)
値上り率(%)
値下り率(%)
年初来安値更新
年初来高値更新
年初来安値からの上昇率(%)
年初来高値からの下落率(%)
過去52週安値からの上昇率(%)
過去52週高値からの下落率(%)
平均売買代金(千円)
出来高増加率(倍)
売買代金増加率(倍)
株価移動平均線からの乖離率(%)
過去60日ボラティリティ
RSI
サイコロジカルライン
ノーマルストキャスティクス
スローストキャスティクス
ボリンジャーバンド
ゴールデンクロス
デッドクロス
一目均衡雲抜け上
一目均衡雲抜け下
日経平均の値上り率上回り銘柄
日経平均の値下り率下回り銘柄
ベータ(対TOPIX)
ベータ(対日経平均)
ベータ(対東証業種指数)
DMI
RCI
MACD
ノーマルストキャスティクス
スローストキャスティクス

スクリーニングの条件設定に関して、正解はありませんが、私がよく使うスクリーニング条件の一例をお伝えします。探したい個別銘柄のイメージは「好業績・高利益率・株価堅調」の会社です。上記のような会社を探すときのひとつの事例とお考えください。

その場合、具体的には、次ページの検索条件を基本設定として、＋αで相場状況に合わせてテクニカルな指標も組み合わせて銘柄数を絞り込みます。

個人投資家は、投資資金に限界あるのでシステムによって数十銘柄まで絞り込んでも実際はそのすべてに投資することは難しいです。システムによってある程度まで投資候補を絞り込んだ後は、その中から個人投資家の裁量判断で最終的な投資銘柄の選定を行い、マーケットニュートラル戦略の買い銘柄を決定してください。

このようなスクリーニングツールを使った銘柄選定を極めると、最終的には裁量判断を一切しない「システムトレーダー」に進化できます。

すべてを数式によって管理するシステムトレードは大変ですが、多くの候補の中からある程度まで絞り込むときにはシステムやツールは非常に有効です。

「システム」による候補抽出の中から個人投資家が「裁量」で投資決定するという銘柄選定方法は、マー

◆検索条件

■売上高変化率：１％以上
前年度から売上高が伸びている企業が検索できる

■ROE(自己資本利益率)：５％以上
自己資本を使って効率良く儲けている企業が検索できる

■売上高営業利益率：５％以上
利益率の高い商売をしている企業が検索できる

■日経平均の値上り率上回り銘柄（１年）
１年前から株価がアウトパフォームの企業が検索できる

ケットニュートラル戦略に限らず現物取引においても有効なのでぜひ投資銘柄を選定するときには、活用いただければと思います。

6 マーケットニュートラル戦略の実例

本節では、マーケットニュートラル戦略が、どのような保有状態と損益になるのか実際の株価を例に解説します。

マーケットニュートラル戦略のメリットとデメリットがわかりやすくなるように、次の２つのパターンを取り上げます。

①相場全体が下落しても利益になるケース

②相場全体が上昇しても損失になるケース

次ページ以降で、それぞれ解説します。

①成功パターン

まずはマーケットニュートラルの成功パターンです。次ページを見てください。日経平均株価は1カ月で1・18％下落している中で日経225ミニ（mini）を空売りし、さらに、259ページで紹介しているような「好業績・高利益率・株価堅調」の条件に具体的な経営指標の数値をプラスして、個別株5銘柄を買うマーケットニュートラル戦略を行いました。

【解説】

日経平均が下落しているので空売りを行っている日経225ミニは利益となります。その他の買い5銘柄は、相場全体と同じように下落している銘柄も3銘柄ありますが、上昇している銘柄も2銘柄あります。

「売り日経225ミニの損益」と「買い5銘柄の損益」を合計すると1万5950円の利益です。

日経平均全体は、1・18％下落している相場ですが、買い5銘柄の損益合計が相場全体の「マイナス1・18％」よりもアウトパフォームしているので利益になっています。

上記のようにマーケットニュートラル戦略のメリットは、相場が下落していても、買い選定した個別株が日経平均のようなインデックス指数をアウトパフォームすると利益になります。

下落相場であっても買い個別銘柄の選定が間違っていなければ、相場の上下変動に関係なく利益を狙

■ 2017 年 8 月 1 日（始値）～ 8 月 31 日（終値）
日経225mini：19,930円～19,695円（騰落率－1.18％）

【マーケットニュートラル戦略の保有例】
■売り：日経225mini　1枚（投資金額：約200万円）

■買い：みずほＦＧ　2000株（投資金額：約39万円）
■買い：日産自動車　400株（投資金額：約43万円）
■買い：三井物産　300株（投資金額：約32万円）
■買い：ヤフー　800株（投資金額：約40万円）
■買い：アステラス製薬　300株（投資金額：約42万円）
（5銘柄の合計投資金額：約196万円）

【マーケットニュートラル戦略の損益例】

売買	銘　柄	株数	仕掛価格	決済価格	騰落率	損益結果
売り	日経225mini	100	19,930	19,695	-1.18%	¥23,500
買い	みずほFG	2000	195	189.1	-3.03%	¥-11,800
買い	日産自動車	400	1,096	1,093	-0.27%	¥-1,200
買い	三井物産	300	1,615	1,644.5	1.83%	¥5900
買い	ヤフー	800	498	504	1.20%	¥4800
買い	アステラス製薬	300	1,401	1,383.5	-1.25%	¥-5250
					合計損益	¥15,950

うことができるのです。

②失敗パターン

続いてマーケットニュートラルの失敗例です。

日経平均株価は1カ月で31・4%上昇している中で日経225ミニを空売りし、次ページの個別株5銘柄を買うマーケットニュートラル戦略を行いました。

【解説】

日経平均が上昇しているので空売りを行っている日経225ミニは損失となります。

その他の買い5銘柄は、相場全体と同じように全体的に上昇していますが、下落している銘柄もあります。「売り日経225ミニの損益」と「買い5銘柄の損益」を合計すると1万3020円の損失です。日経平均全体は、3・14%上昇している相場ですが、買い5銘柄の損益合計が相場全体の3・14%よりもアンダーパフォームしているので損失になっています。

このようにマーケットニュートラル戦略は相場全体が上昇しているときでも、買い選定した個別株がインデックス指数のパフォーマンスよりも下回るアンダーパフォームの場合は損失となります。上昇相場であっても、買い個別銘柄の選定を間違うと損失になってしまうのです。

■2017年9月1日（始値）～9月29日（終値）
日経225mini：19,725円～20,345円（騰落率＋3.14％）

【マーケットニュートラル戦略の保有例】
■売り：日経225mini　1枚（投資金額：約200万円）

■買い：日本郵政　300株　（投資金額：約41万円）
■買い：野村ＨＬＤＧ　700株　（投資金額：約43万円）
■買い：住友商事　200株　（投資金額：約31万円）
■買い：東レ　400株　（投資金額：約42万円）
■買い：旭化成　300株　（投資金額：約39万円）
（5銘柄の合計投資金額：約196万円）

【マーケットニュートラル戦略の損益例】

売買	銘　柄	株数	仕掛価格	決済価格	騰落率	損益結果
売り	日経225mini	100	19,725	20,345	3.14%	¥-62,000
買い	日本郵政	300	1,368	1,329	-2.85%	¥-11,700
買い	野村HLDG	700	615.6	630	2.34%	¥10,080
買い	住友商事	200	1,564	1,618.5	3.48%	¥10,900
買い	東レ	400	1,047	1,091.5	4.25%	¥17,800
買い	旭化成	300	1,312	1,385	5.56%	¥21,900
					合計損益	¥-13,020

7 マーケットニュートラル戦略のまとめ

先に紹介した2つの実例からもわかる通り、マーケットニュートラル戦略は、相場全体の上下変動は投資損益に関係しません。買い選定する個別銘柄とインデックス指数との差（α）がそのまま損益に反映します。

日経平均がマイナス10％の大幅な下落相場であったとしても同期間に10％下落しない優良な個別銘柄に投資していれば利益になるのです。

一般的な多くの投資の場合は、個別銘柄の良し悪しに関係なく、相場全体のトレンドによって投資損益が決まってしまいます。

そのような市場全体の変動（β）を差し引いて個別銘柄の固有変動のみ（α）で勝負できるのがマーケットニュートラル戦略です。つまり、これから上がる銘柄や相場の上下を予想するのではなく、ひとつの例として259ページで紹介した条件などを考慮して、日経平均のパフォーマンスを上回る優良な個別銘柄を選定できれば、どのような下落相場であっても投資で利益を狙えます。

金融市場は、上昇と下落のトレンドを繰り返して動いています。**上昇トレンドのときにだけ勝ち、下落トレンドになると負ける。**そのような投資戦略では、先の長い投資人生でいずれ壁にぶつかります。

上昇相場でも下落相場でも勝てるマーケットニュートラル戦略のような投資戦略を持っておくことは、長い投資人生において投資家にとって非常に強い武器になることでしょう。

8 本当に強い投資家とは

日経平均やTOPIXのようなインデックス指数を空売りして、同時に個別銘柄を保有するマーケットニュートラルを一般的に個人投資家が実践しているケースは皆無です。マーケットニュートラルを実践しているのは、大手金融機関のトレーダーとヘッジファンドくらいです。

個人投資家にあまり馴染みのない投資戦略ですが、複雑化する金融市場において価格変動のリスクを除外して利益を狙える投資戦略として覚えておくと役に立つかもしれません。

アベノミクス以降、上昇相場が続いております。ただ、上昇相場のときに勝てても、それは相場の恩恵であり、個人投資家の実力とは言いにくいです。

本当に強い投資家とは、金融市場が暴落しても大きな損失を回避して生き残り続ける投資家のことです。リーマンショックのような暴落からアベノミクス相場のような長期上昇の2サイクルを経験しても生き残り続けて、通算で稼いでいる投資家が本当に強い投資家ではないでしょうか？

ぜひともサヤ取りやマーケットニュートラルのような両建て売買を相場状況に合わせて活用することで、どのような相場でもしぶとく生き残り続ける投資家になってください。読者様の投資の利益を心から願っております。

あとがき

書籍原稿の執筆時である2013年末、日本の株式市場は、アベノミクスによる上昇相場まっただ中です。メディアでは、「2014年の日経平均株価は2万円を越える」などとも報道されています。

本書は、目先1～2年の話ではなく、長期的な株式市場における考え方として書かせていただきました。

読者の方がこの書籍を手に取るとき、日経平均株価はいくらになっているか、わかりません。もし、イケイケムードの上昇相場で盛り上がっているようなときに本書を読んでも、両建て売買の優位性が伝わらないかもしれません。

反対に、アベノミクス効果の後遺症で、大きく株式市場が暴落してしまったタイミングで手に取っていただいた場合には、内容に賛同してもらえるでしょう。

ひとつだけ言える事実があります。それは、「株式市場がどのように推移していたとしても、私自身の運用方針も投資戦略も大きく変わることはない」ということです。日経平均株価が2万円にまで上昇していたとしても、1万円を割れていたとしても、私はサヤ取り投資を行っているでしょう。

今後、私の投資に関するリアルタイムな考え方や、サヤ取り投資の情報を受け取りたい場合には、ネットにて『サヤトレ』とご検索いただき、日々、配信している無料メルマガにご登録ください。株式市場の引け後に、毎日、サヤ取り投資に関する情報をお届けさせていただきます。

本書では、相場の時期やタイミングを必要としないサヤ取り投資の情報を中心に書かせていただきました。そのほかにも、サヤ取り投資に代表されるような両建て売買には数多くの組み合わせや戦略があります。無料メルマガでは、そうした細かな情報についても、日々、お伝えさせていただきます。

◎サヤ取り投資ペア検索ツール『サヤトレ』　https://investars.jp

最後になりましたが、数ある投資書籍の中から本書を選びいただき、そして、最後までお読みいただきありがとうございました。

サヤ取り投資という大変ニッチな投資手法ですが、サヤ取り投資を行う投資家の方にとって本書が少しでもお役立ていただければ心より嬉しい限りです。
皆様が投資で成功されることを心より願っております。

著者紹介：増田圭祐（ますだけいすけ）

19 歳の大学生から投資をスタートし、大学卒業後は、大手証券会社に入社。証券会社にて投資で損ばかりしている多くの投資家たちを目の当たりにし 、個人の投資家が効率的に利益の出せる運用を考えた結果、「買い」と「売り」を同時に保有する『サヤ取り投資』に辿りつく。以降、サヤ取り投資に特化した研究を行い 2011 年に証券会社を退職。独立後、金融と IT 技術を活用しサヤ取り投資ペア検索ツール「サヤトレ」を含め複数の金融関連サイトの運営を行いながら自身でも投資を行う個人投資家。

サヤ取り投資ペア検索ツール「サヤトレ」
https://investars.jp/
サヤ取り投資ペアのランキング＆口コミサイト「サヤ取りランク」
https://sayatori.net/

2018 年 08 月 03 日　第 1 刷発行

相場の上下は考えない 「期待値」で考える株式トレード術　増補版
～サヤ取り投資が儲かる理由～

著　者　増田圭祐
発行者　後藤康徳
発行所　パンローリング株式会社
〒 160-0023　東京都新宿区西新宿 7-9-18-6F
TEL 03-5386-7391　FAX 03-5386-7393
http://www.panrolling.com
E-mail　info@panrolling.com
装　丁　パンローリング装丁室
組　版　パンローリング制作室
印刷・製本　株式会社シナノ

ISBN978-4-7759-9159-6

【免責事項】
この本で紹介している方法や技術、指標が利益を生む、あるいは損失につながることはない、と仮定してはなりません。過去の結果は必ずしも将来の結果を示したものではありません。この本の実例は教育的な目的のみで用いられるものであり、売買の注文を勧めるものではありません。

ジャック・D・シュワッガー

現在、マサチューセッツ州にあるマーケット・ウィザーズ・ファンドとＬＬＣの代表を務める。著書にはベストセラーとなった『マーケットの魔術師』『新マーケットの魔術師』『マーケットの魔術師［株式編］』（パンローリング）がある。
また、セミナーでの講演も精力的にこなしている。

ウィザードブックシリーズ 19

マーケットの魔術師
米トップトレーダーが語る成功の秘訣

定価 本体2,800円+税　ISBN:9784939103407

トレード界の「ドリームチーム」が勢ぞろい

世界中から絶賛されたあの名著が新装版で復刻!

投資を極めたウィザードたちの珠玉のインタビュー集!

今や伝説となった、リチャード・デニス、トム・ボールドウィン、マイケル・マーカス、ブルース・コフナー、ウィリアム・オニール、ポール・チューダー・ジョーンズ、エド・スィコータ、ジム・ロジャーズ、マーティン・シュワルツなど。

ウィザードブックシリーズ 201

続マーケットの魔術師
トップヘッジファンドマネジャーが明かす成功の極意

定価 本体2,800円+税　ISBN:9784775971680

『マーケットの魔術師』シリーズ 10年ぶりの第4弾!

先端トレーディング技術と箴言が満載。「驚異の一貫性を誇る」これから伝説になる人、伝説になっている人のインタビュー集。マーケットの先達から学ぶべき重要な教訓を40にまとめ上げた。

ウィザードブックシリーズ 13

新マーケットの魔術師

定価 本体2,800円+税　ISBN:9784939103346

**知られざる"ソロス級トレーダー"たちが、
率直に公開する成功へのノウハウとその秘訣**

投資で成功するにはどうすればいいのかを中心に構成されている世界の
トップ・トレーダーたちのインタビュー集。17人のスーパー・トレーダーたち
が洞察に富んだ示唆で、あなたの投資の手助けをしてくれることであろう。

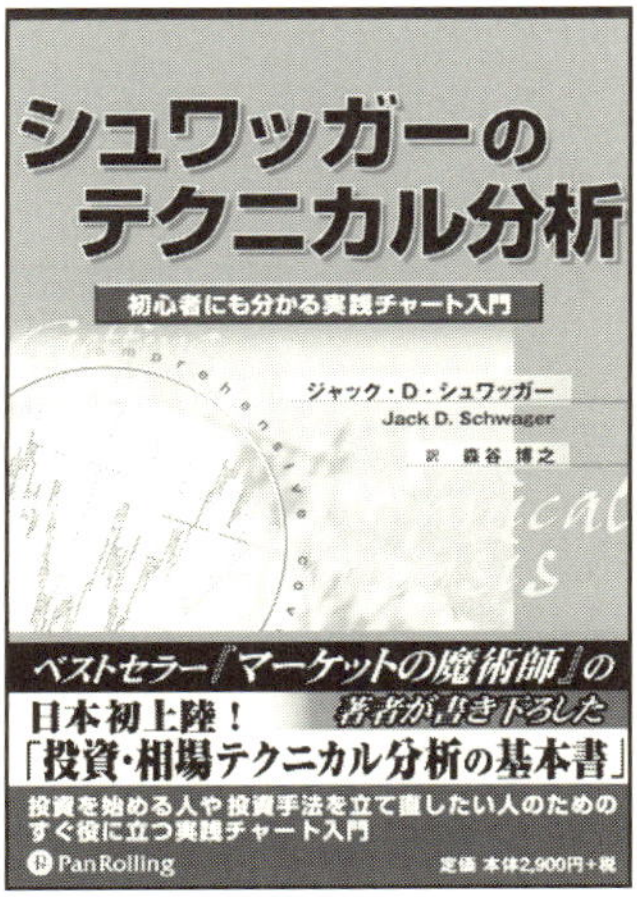

ウィザードブックシリーズ 66

シュワッガーのテクニカル分析 初心者にも分かる実践チャート入門

定価 本体2,900円+税　ISBN:9784775970270

シュワッガーが、これから投資を始める人や投資手法を立て
したい人のために書き下ろした実践チャート入門。
チャート・パターンの見方、テクニカル指数の計算法から読
方、自分だけのトレーデング・システムの構築方法、ソフトウ
アの購入基準、さらに投資家の心理まで、投資に必要なす
てを網羅した1冊。

ウィザードブックシリーズ 208

シュワッガーのマーケット教室 なぜ人はダーツを投げるサルに投資の成績で勝てないのか

定価 本体2,800円+税　ISBN:9784775971758

**一般投資家は「マーケットの常識」を信じて
多くの間違いを犯す**

シュワッガーは単に幻想を打ち砕くだけでなく、非常に多くの仕事をして
る。伝統的投資から代替投資まで、現実の投資における洞察や手引きにつ
て、彼は再考を迫る。本書はあらゆるレベルの投資家やトレーダーにとっ
現実の市場で欠かせない知恵や投資手法の貴重な情報源となるであろう

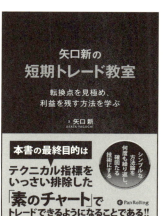

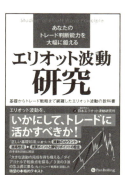